U0488097

房地产中小企业债务融资来源结构优化与应用研究

◎郑慧开　著

吉林大学出版社
·长　春·

图书在版编目（CIP）数据

房地产中小企业债务融资来源结构优化与应用研究 / 郑慧开著 . —长春：吉林大学出版社，2023.3

ISBN 978-7-5768-0318-1

Ⅰ . ①房… Ⅱ . ①郑… Ⅲ . ①中小企业－房地产企业－企业债务－企业融资－研究－中国 Ⅳ . ① F299.233.5

中国版本图书馆 CIP 数据核字 (2022) 第 152498 号

书　　名　房地产中小企业债务融资来源结构优化与应用研究
FANG-DICHAN ZHONG-XIAO QIYE ZHAIWU RONGZI LAIYUAN
JIEGOU YOUHUA YU YINGYONG YANJIU

作　　者　郑慧开　著

策划编辑　李承章

责任编辑　陈　曦

责任校对　张文涛

装帧设计　朗宁文化

出版发行　吉林大学出版社

社　　址　长春市人民大街 4059 号

邮政编码　130021

发行电话　0431-89580028/29/21

网　　址　http://www.jlup.com.cn

电子邮箱　jdcbs@jlu.edu.cn

印　　刷　湖南省众鑫印务有限公司

开　　本　710mm×1000mm　1/16

印　　张　11.5

字　　数　180 千字

版　　次　2023 年 3 月　第 1 版

印　　次　2023 年 3 月　第 1 次

书　　号　ISBN　978-7-5768-0318-1

定　　价　82.00 元

作者简介

郑慧开 男，1974年12月出生，汉族，浙江省乐清市人，湖南城市学院专职教师，中共党员，湖南大学管理学博士，教授，高级经济师，国家注册房地产估价师，湖南省综合评标专家。1996年11月参加湖南省益阳市房管局工作，历任产权与市场科、法制科、行政审批科科长，产权处、政务窗口主任等职务，熟悉房地产行政管理工作。2013年11月调入湖南城市学院从事教研工作，研究方向：房地产投融资、营销、物联网等。承担房地产市场营销、房地产经济学、广告学、渠道管理、房地产开发与管理、建设法规等理论课程教学，承担房地产营销策划、房地产估价、可行性研究、房地产开发与管理、实习实训毕业设计等实践课程教学；曾兼职三家房地产中小企业高管工作，有较为丰富的地方行政和企业工作经历，系双师型教师。近年来公开发表论文28篇，其中第一作者CSSCI来源期刊3篇，EI收录6篇；专著1部，教材1部；主持省级课题3项，参与国家级课题1项、省部级课题8项。

前　言

房地产业是我国宏观经济不可或缺的组成部分，是增强国民经济和改善人民生活的重要产业。房地产问题历来是民生大事，是举国上下最受关注的民生问题之一。其关联性高，带动力强，能够影响建筑、装修、材料、金融、中介服务等多个行业。我国房地产业在宏观经济总量中更是占据了相当大的比重。因此，房地产行业必须健康长远的发展，才能在满足社会需求的同时有利于国民经济实现稳增长、求发展的根本持久目标。

从房地产业自身的特点来看，它属于资金密集型行业，开发周期长，资金周转慢，价格波动大，因此融资能力对其极为重要。房地产行业的融资形式主要有两种：内源融资和外源融资。一般情况下先进行内源融资使企业达到一定的资金积累和风险承受能力之后再通过外源融资来发展自己，达到一定规模后便可以凭借自身的实力来发展而不再依靠外源融资。外源融资主要包括股权融资和债务融资两个渠道。与我国大多数企业存在“股权融资偏好”不同，房地产行业存在“债权融资偏好”，债务融资从其比重占据了房地产企业整体融资结构的一半以上这一数据便可看得出来。房地产企业若只偏好股权融资而不重视债务融资则不利于企业的融资杠杠作用，然而偏好债务融资忽视股权融资则会加重企业的经营风险。因此，选择最优的融资结构，实现企业价值最大化是有效地推动房地产企业健康发展的重要一环。

房地产中小企业是实施大众创业、万众创新的重要载体，在增加就业、促进经济增长、科技创新等方面具有不可替代的作用，也是房地产市场体系的重要组成，是整体房地产经济的有益补充；但其在成长过程中遭遇各种瓶颈也凸显诸多问题，其中债务融资是其关键问题，其与大型房地产企业相比在融资方面处于不利地位，存在如融资结构不合理，特别是来源结构渠道单一，以致有些房地产中小企业急于求成、盲目举债导致资金链断裂“跑路”等问题。因此如何良性举债做好债务融资问题是至关重要的。在此背景下，本书基于债务融资效率的评价考量，分析房地产中小企业存在融资效率偏低的问题，以湖南省代表性房地产中小企业为对象，就其债务融资来源结构进行理论分析和实证研究，并针对性地提出优化来源结构的具体建议和措施对策。

本书在理论分析部分，从研究背景与目的、意义等研究概述出发，开展债务融资效率、债务融资、债务融资来源结构文献综述与评价；在债务融资来源结构基础研究理论分析方面，就来源结构基础理论分析、来源结构效率及其影响因素分析、房地产中小企业债务融资来源结构内涵及影响分析等三个方面理论进行阐述，对债务融资、债务融资效率、债务融资结构、债务融资来源结构、房地产中小企业的内涵、概念等进行讨论和界定，全面分析并比较相关债务融资理论，为后文研究房地产中小企业债务融资来源结构的实证分析和优化问题铺垫理论基础。

本书在实证研究部分，采用物元评价法对房地产中小企业债务融资效率进行评价，以此为基础，分析房地产中小企业融资效率情况，探讨房地产中小企业债务融资来源结构的优化问题。首先构建房地产中小企业债务融资来源结构效率评价物元模型，确定房地产中小企业债务融资效率评价指标体系，并利用可拓物元评价法测算房地产中小企业的融资效率水平，并用熵值法进行效率比较评价分析，共同得出当前房地产中小企业融资效率比较低下的结论。其次考察房地产市场和房地产中小企业实况，选取相关模型探讨房地产中小企业债务融资最优来源结构，展开基于企业风险控制的房地产中小企业来源结构优化分析，在考虑提高融资效率和降低融资成本风险的情况下，结合模糊层次分析法、多目标规划模型，构建房地产中小企业债务融资来源结构优化模型，综合考察房地产中小企业债务融资来源结构。最后选取湖南省代表性房地产中小企业相关案例数据，站在融资来源成本风险的角度，采用上述模型对房地产中小企业不同债务融资来源开展实证研究，得出房地产中小企业债务来源结构的最优解，并与房地产上市个案企业的债务来源最优解进行比较分析。

本书在应用分析部分，首先考察了国外发达国家房地产企业债务融资的成功做法和经验，分析了我国房地产中小企业债务融资的现状和问题，并对房地产中小企业债务融资来源结构方面存在的问题展开分析；然后在考量债务融资效率提高的视角上，结合上文实证研究结果，提出了接地气和创新性的房地产中小企业债务融资来源结构优化具体建议和对策。

郑慧开

2021.10.23

目　录

第1章　研究概述

本章主要对房地产中小企业债务融资来源结构研究的背景与目的、意义进行分析，指出本书研究方法、思路及研究内容，研究计划与可行性、预期成果以及研究创新与不足，也就是说从研究的整体结构上进行全面阐述。本章共包括4节：1.1节为房地产中小企业债务融资来源结构研究背景、目的与价值；1.2节为房地产中小企业债务融资来源结构研究方法与思路、内容；1.3节为房地产中小企业债务融资来源结构研究计划与可行性、预期成果，1.4节为房地产中小企业债务融资来源结构研究的创新与不足。

1.1　研究背景与目的、价值

1.1.1　研究背景

21世纪初以来，我国房地产业一路高歌猛进，快速腾飞，逐渐成为各地经济发展的支柱产业。由2021年我国统计年鉴可知，2020年国内生产总值已经达到101.598 6万亿元，其中房地产贡献了7.455 2万亿元，占比7.3%；房地产开发投资共计14.144 3万亿元，占全社会固定投资比重达26.82%；房地产业围绕人们生活的方方面面，不仅相关产业众多，而且为社会提供了大量的就业岗位。由此可见，房地产业规模大、链条长、牵涉面广，在国民经济中，在全社会固定资产投资、地方财政收入、金融机构贷款总额中都占有相当高的份额，对于经济金融稳定和风险防范具有重要的系统性影响。同时对于国民居住环境改善、生活质量提升都有着重要意义，随着房地产市场的发展，各大开发企业为了提高去化，开发出更加智能、全面的房地产产品，使得城镇居民的生活水平不断提高。因此，房地产作为拉动经济增长的支柱，不仅与国民经济发展、宏观经济稳定息息相关，而且影响着人们的生活幸福。

我国房地产业起步于20世纪90年代初，经过30多年的共同努力，房地产业已经一路成长为民生发展的牵头企业，但由于房地产业背后的巨大利润，使得各地越来越多的资本流入其中，如果政府不进行妥善管理、合理调控，就很容易出现房地产增速过快、房价上涨过猛的特点，近几年来，我国实施的调控政策主要有：2016—2017年，中央经济工作会议首次提出“促进房地产市场平稳健康发展”的定位，明确坚持“房子是用来住的，不是用来炒的”的定位，坚持住房的居住属性，落实地方政府主体责任，加强房地产市场分类调控，健全购租并举的住房制度；2018—2019年，《政府工作报告》中提出：健全地方税体系，稳妥推进房地产税立法。启动新的三年棚改攻坚计划，加大公租房保障力度，加快建立多主体供给、多渠道保障、租购并举的住房制度；2020年，住房和城乡建设部（以下简称“住建部”）、中国人民银行（以下简称“央行”）召开重点房地产企业座谈会，围绕房企的负债、杠杆做出相关限制，明确了收紧地产开发商融资的“三道红线”，从需求端控制了房地产企业负债融资的上限，一方面是防范房地产企业因为盲目加杠杆扩张导致的金融风险，另一方面也是一种对房地产行业的供给侧改革，防止土地市场过热，防止企业过度囤地；2020年12月31日，央行、银保监会（中国银行保险监督管理委员会）联合发布《关于建立银行业金融机构房地产贷款集中度管理制度的通知》，对贷款集中度进行管理，分五档设定房地产贷款以及个人住房贷款占比上限，从银行的供给端控制房企负债融资的总额。2021年，《政府工作报告》中提出稳地价、稳房价、稳预期的“三稳”目标，使得房地产调控政策对市场的规范更加细致。以上的财政紧缩和稳健政策的实施严重影响了各类房地产企业的资金回笼，造成其资金短缺问题凸显，融资成本增加，融资结构畸形，也给房地产业带来巨大的流动性风险，上市房地产企业“爆雷”事件比比皆是，甚至有巨无霸房地产企业出现严重的债务危机问题。在此情况下，特别是房地产中小企业债务危机问题更加突出，房地产中小企业破产众多，房地产中小企业其过高的资金来源债务融资已成为业界和学界密切关注的焦点问题。

回顾房地产快速发展的30年，房地产业主要受到五股力量的影响：一是各大金融机构对投资贷款和消费贷款的大力支持；二是我国城镇化的发展；三是人口红利和婴儿潮的推动；四是开发企业和消费者投资热情的驱动；五是不同时间段的政策调控和主导。但是，随着我国城镇化渐近尾声，人口生育率的下降，以上这些推动力量将不复存在，房地产业前路如何发展，已然成为全社会全行业的一大难题，“不转型会死，转型不对更会死”的隐形压力时时刻刻笼罩在行业上空。

众所周知房地产业是资金密集型行业，开发过程需要资金多，消费过程同样需要资金多，且其具有投资周期长、高利润、高风险等特点，正因如此，资金来源一直是房地产开发过程的首要保障。目前，我国房地产中小企业的资金来源主要包括银行及其他金融机构贷款、自筹资金、预售及其他资金等。房地产中小企业自有资金比例一直偏低，购置土地后所剩资金不多，后期主要依靠各种融资手段筹措资金，遇上市场不景气，“跑路”和破产问题较为突出。

就房地产中小企业不同的债务融资来源结构而言，其带来的融资成本和融资风险也不尽相同，因此房地产中小企业的债务融资来源结构会对企业的融资效率和企业价值产生不同的影响。不同的债务来源使得房地产中小企业的偿债能力、资本成本、风险水平不尽相同。房地产中小企业必须要开拓和争取合理的债务来源融资结构，方能使开发过程合理规避债务风险问题，实现企业价值最大化。

当前，有关房地产中小企业债务融资来源结构的研究主要集中于债务融资结构影响因素这一领域，且以定性分析为主，鲜有定量的研究，几乎没有学者对房地产中小企业债务融资来源结构的构成和优化问题展开全面分析并进行实证研究。鉴于新时代房地产行业在国家宏观调控下发展得越来越规范，若依旧采用原来的资金融资渠道或不优化渠道结构，必将会面临更多的资金短缺问题，其债务结构问题将会更加突出，因此适应时代潮流，坚持“房住不炒”，合理改善融资渠道问题，优化债务来源是业界和学界急需破解的重要难题。

1.1.2 研究目的

以湖南省有关代表性房地产中小企业债务融资来源结构优化为对象，摸清湖南省房地产中小企业债务融资来源结构存在的问题；利用模糊层次分析法对不同的房地产中小企业不同债务融资来源的相对重要性进行评判；构建多目标规划模型计算代表性的房地产中小企业的最优债务融资来源结构比例，通过实证分析有关问题，提出湖南省房地产中小企业最优债务融资来源结构方案，并就实际应用设计具体的对策。

1.1.3 研究价值

债务融资来源结构优化是房地产中小企业债务融资中的一个重要课题，因此在评价房地产中小企业债务融资效率的基础上，实证研究房地产中小企业债务融资来源结构问题和优化应用，无疑将有助于进一步了解房地产中小企业债务融资结构的现状，提高房地产中小企业债务融资的效率，推动新时代房地产行业可持续健康发展，能够有效地降低债务融资成本风险，减少债务融资结构不合理导致的破产问题。因此对房地产中小企业的债务融资来源结构优化展开深入研究具有较为重要的学术价值和应用价值。

1. 学术价值

房地产中小企业是实施大众创业、万众创新的重要载体，在增加就业、促进经济增长、科技创新等方面具有不可替代的作用，其意义非凡。但其与房地产大企业相比处于不利地位，而由此造成的社会环境也对其不利，如造成融资来源结构不合理、来源渠道单一、资金链断裂“跑路”等问题。本书通过探究其债务融资来源结构优化与应用问题为其可持续发展提供新思路、新价值，为房地产中小企业在新常态下进行供给侧和需求侧改革提供新的理论建议和发展方向。

2. 应用价值

本书在充分借鉴前人研究的同时，结合湖南省地方房地产中小企业实况特征，服务地方经济，有针对性地挖掘其债务融资来源结构中存在的问题，为其优化与应用建立可持续发展的数据支撑，通过对湖南省代表性企业的实证分析提供行之有效的来源结构决策模型，合理规避其债务融资过程中的各种风险，达到企业价值最大化、成本最小化的债务融资目的，实现理性、良性债务融资，进而能为全国房地产中小企业在债务融资方面提供一定的借鉴和参考作用，助力国家对中小企业健康发展的战略要求。

1.2　研究方法与思路、内容

1.2.1　研究方法

1. 文献资料法

通过互联网、图书馆、期刊数据库等途径大量查阅国内外相关文献和前人学术著作，总结国内外在这个领域的研究方向和研究方法，为后期研究提供理论依据和基础资料。

2. 调查研究法

利用数理模型进行分析和模拟，必须获得准确可靠的资料和数据，通过实地调查湖南省房地产中小企业债务融资来源结构实况，了解和测定相关数据，掌握第一手资料，有利于建模工作的科学性、针对性和对策建议的合理性、应用性。

3. 定量实证分析法

分别对湖南省房地产代表性中小企业债务融资来源结构做定量实证分析，以突出研究的针对性与现实性，本课题采用湖南省代表性案例进行因素归纳、数据采集及机理分析，能综合反应和解决资金来源结构这一普遍性问题。

4. 计算机辅助方法

利用数理统计软件等对数据进行科学处理，以提高运算速度和分析的准确性。

1.2.2　研究思路

本书主要按照理论分析、机理推演、模型构建和实证研究的思路展开对房地产中小企业债务融资来源结构优化的研究。

（1）债务融资来源结构研究综述与理论分析。搜集和整理国内外企业债务融资来源结构相关文献，总结现有的研究成果和不足，锚定国内外在这个领域的研究方向和方法，并有针对性地指出目前这个领域的研究趋势，为课题研究做好理论铺垫。同时探讨房地产中小企业的债务融资来源及其方式，从债券融资、施工方垫资、房地产预售、银行借款等方面考察其来源结构，并评价不同债务融资来源的融资效率；对房地产中小企业债务融资来源结构做好理论分析。

（2）鉴于模糊层次分析法在多目标决策规划方面的优越性，通过比较分析不同债务融资来源的融资效率，采用模糊层次分析法定量评判房地产中小企业不同债务融资来源的相对重要程度：即通过递阶层次结构的构建、模糊一致判断矩阵的建立、层次单排序和层次总排序等方法途径进行来源结构的重要程度评判，促使来源结构重要度评判更加贴近房地产中小企业实况。

（3）采用多目标规划模型对房地产中小企业债务融资来源结构优化方法进行设计：本书将基于融资效率最大化思想，在融资风险一定的条件下，以融资成本最小化为目标，确定房地产中小企业债务融资来源的最优结构，基于此构造房地产中小企业债务融资效率最大化的多目标规划模型，利用 MATLAB 7.0 求解该多目标规划模型，即可得到房地产中小企业债务融资来源的最优结构。

（4）开展湖南省房地产中小企业债务融资来源结构实证分析：以相关代表性房地产中小企业为案例进行样本选择与数据处理，求解其最优债务融资来源结构；提出有利于企业发展的最优结构方案，并就将来实际应用工作设计行之有效的具体对策。根据实证检验结果，借鉴国外房地产企业债务融资的经验，结合我国房地产中小企业债务融资来源结构的现状，提出相关的政策建议。

1.2.3 研究内容

1. 研究对象

房地产中小企业（非上市企业）债务融资来源结构优化与应用研究——以湖南省有关代表性企业为例，通过实证分析研究其最优来源结构比例与应用方案。

2. 总体框架（见图1.1）

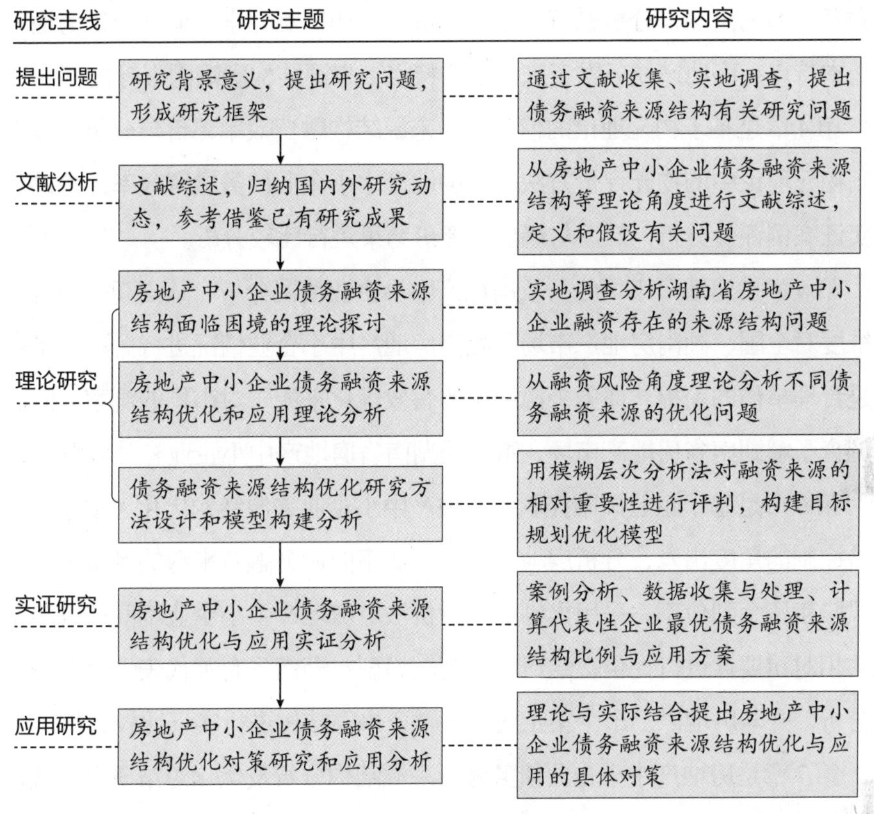

图1.1 总体框架

本书研究工作主要按以下章节内容展开：

第1章为研究概述。首先阐述房地产中小企业债务融资来源结构研究的背景与目的、意义，进而指出本书的研究方法和思路及研究内容，然后分析了研究计划与可行性、预期成果以及创新与不足等内容，对本书的整体结构进行全面阐述。

第2章为文献综述及评价。本章较为全面地归纳、总结、评价了国内外关于房地产企业债务融资效率和融资结构研究现状，分析了前人研究的成果及不足，并吸取前人文献对本书的启迪作用。

第3章为债务融资来源结构基础研究理论分析。就房地产中小企业债务融资来源结构的相关基础研究理论进行阐述。首先对债务融资、债务融资效率等概念进行界定，并充分讨论债务融资和来源结构的相关理论基础，然后探讨债务融资效率的内涵，分析融资效率的评价方法和影响因素，最后分析房地产行业基本特点，房地产债务融资来源结构特点、来源结构影响因素等内容。

第 4 章是基于物元理论的债务融资来源结构融资效率评价与分析。首先将可拓物元理论中的物元评价方法引入房地产中小企业债务融资效率评价，并展开实证案例评价分析，然后与熵值法评价结果进行比较分析。

第 5 章是房地产市场分析及房地产中小企业情况分析。从宏观、中观、微观维度对全国、湖南房地产市场及湖南房地产中小企业情况进行分析，了解市场是合理举债的前提，债务来源结构的有效优化来源于对市场的洞察。同时实地调查了解湖南省房地产市场，特别是湖南省房地产中小企业有关概况。

第 6 章是基于企业风险控制的房地产中小企业来源结构优化。本章从企业风险控制的角度出发，分析房地产中小企业不同债务融资来源的融资成本、融资风险和资金到位率，采用模糊层次分析法对房地产中小企业不同债务融资来源的相对重要性进行评价，结合目标规划模型对湖南省有关代表性企业进行实证分析，并与房地产上市个案企业债务融资来源结构进行实证比较分析。

第 7 章是房地产中小企业债务融资来源结构分析及优化对策研究。根据工作和实际应用的需要，分析国外发达国家债务融资实践的经验和做法，内视我国现有房地产企业融资模式及制约融资困境的主要约束条件，借鉴成功经验，分析现状和问题，接地气地提出房地产中小企业债务融资来源结构优化创新策略与具体措施。

最后是全书的结论部分。

3. 重点难点

(1) 摸清湖南省房地产中小企业债务融资来源结构存在的问题与困境，进行样本选取与数据提炼，找出有代表性的企业案例进行分析。

(2) 从融资风险的角度出发，理论分析房地产企业不同债务融资来源的偿债能力和资金到位率，采用模糊层次分析法对房地产企业不同债务融资来源的相对重要性进行评判。

(3) 构建多目标规划模型计算代表性企业的最优债务融资来源结构比例，实证分析有关问题，为应用推广构建适用模型。

1.3　研究计划与可行性、预期成果

1.3.1　研究计划

1. 准备阶段（2017 年 9 月—2017 年 12 月）

项目组成员分工合作，收集国内外理论资料和研究文献，调查湖南省房地产中小企业债务融资来源结构相关数据，整理资料，形成调研报告和文献综述报告，为项目研究奠定基础。

2. 实施阶段（2018 年 1 月—2020 年 6 月）

进一步深入中小房企反馈相关数据，对湖南省房地产中小企业债务融资来源结构做数据和模型分析，构建多目标规划模型计算代表性企业的最优债务融资来源结构比例，实证分析有关问题，撰写和组织论文发表。

3. 总结阶段（2020 年 7 月—2021 年 10 月）

做好项目的总结评价工作，反馈相关中小房企实践测试数据和初步效果，摸索实践应用的适用对策，收集完善相关项目佐证材料，进一步提炼研究内容，完成科研成果。

4. 验收阶段（2021 年 11 月—2022 年 7 月）

整理相关资料，出版研究专著，进行课题总结，组织项目验收。

1.3.2　研究可行性

1. 本课题团队、基础扎实

研究团队学历、职称、年龄结构合理，专业互补性强，具备较强的理论素养和实践分析能力。前期研究基础扎实，团队成员共发表论文 48 篇，其中 CSSCI 论文 10 篇，EI 收录 8 篇，出版专著 5 部，主持各项课题 8 项，其中省部级课题 5 项，为后续研究奠定了良好的基础。

2. 设计、方法可行

本书以湖南省有关代表性房地产中小企业债务融资来源结构优化为对象，厘清湖南省房地产中小企业债务融资来源结构存在的问题；利用模糊层次分析法对不同的房地产中小企业不同债务融资来源的相对重要性进行评判；构建多目标规划模型计算代表性的房地产中小企业的最优债务融资来源结构比例，思路清晰，设计合理，方法科学。

3. 资料、设备齐全

单位研究基础厚实，拥有包括外文数据库、中文数据库、图书资料室、专业软件在内的完善的科研基础设施，目前学校建有 CNKI 知识网络二级站，图书馆藏书总量达 100 余万册，为课题的开展提供了丰富的图书资料，同时学校和学院具有开展高等教育研究必不可少的计算机等硬软件设施设备，可以充分利用本单位现有的物质条件。所在单位和房地产中小代表性企业积极响应本课题，并为本研究实施提供较为典型的个案。

4. 时间、精力充足

项目负责人及成员均来自同一单位，拥有充足的研究时间和良好的团队协调能力。单位管理制度和激励机制完善，能够保证项目组成员有充足的时间、精力投入到本课题研究中去，因疫情不可控不可抗原因对外业调查造成一定的延后影响，不过经过各方努力还是完成了研究任务。

1.3.3 研究预期成果

（1）发表研究成果论文 2 篇：原计划发表研究成果论文 3 篇；主题初步拟为“湖南省房地产中小企业债务融资来源结构存在问题与对策分析”（相关内容在专著中已体现）、“基于模糊层次分析法的房地产中小企业不同债务融资来源结构重要性评判”（相关内容在已发表的论文和专著中都已体现）、“基于多目标规划模型的房地产中小企业债务融资来源结构优化与应用研究”（相关内容在已发表的论文和专著中都已体现）。

后根据实际情况已发表论文两篇：第一篇是："基于物元理论的债务融资来源结构融资效率评价与分析"。Real estate SMEs debt financing efficiency matter-element evaluation method. 10th International Conference on Measuring Technology and Mechatronics Automation(ICMTMA2018), NJ:IEEE Computer Society Publications, Inc., 369−374(EI 会议论文，收录，20183105626713，CPCI-S 收录，WOS:000448921200089)。第二篇是："基于多目标规划模型的房地产中小企业债务融资来源结构优化研究——以湖南省有关代表性企业为例"。Research on Optimization of Debt Financing Source Structure of Real Estate SMEs Based on Multi-objective Programming Model——Taking representative enterprises in Hunan Province as an example（ICSCSE2018.12)NJ:IEEE Computer Society Publications, Inc.,898−902(EI 会议论文，收录，CPCI-S 收录，WOS:20192106957285)。

(2) 出版专著 1 部：内含相关数据的统计图表及调研报告，最终研究报告拟为"房地产中小企业债务融资来源结构优化研究与应用——以湖南省有关代表性企业为例"。研究报告能进行成果转化，可直接应用于房地产中小企业的投融资管理，可进行债务融资结构优化与应用效果跟踪管理，在实践中反馈有关成果。因研究成果内容较为丰富充实，最终商定将研究成果转化为专著出版，以期有更多的参考作用。

(3) 向社会推广成果：本课题具有较好的社会经济价值，对房地产金融供给侧和需求侧结构改革有一定的借鉴作用，预期可为全国房地产中小企业提供较好的债务融资来源结构优化与应用方案，能有效规避中小房企金融风险，提高融资效率，进而对平稳全国房地产市场有一定的战略意义。

1.4 研究创新与不足

1.4.1 研究创新

(1) 在研究视角上，以房地产中小企业债务融资来源结构为视角作为理论分析的主线和切入点，来查找来源结构对房地产中小企业发展的关键问题，很有针对性，能较好地解决传统文献研究视角分散、各层面理论体系不统一且单方面的问题。

（2）在理论分析上，梳理近几年房地产中小企业债务融资来源结构中的有关问题，并结合湖南房地产中小企业特色对其做全面系统分析，进行理论评价和优化模型构建，扩充与完善房地产中小企业融资来源结构理论框架，为当前湖南特色热点经济提供理论依据。

（3）在实证分析方法上，以湖南省代表性房地产中小企业债务融资来源结构为研究对象，充分运用市场调研、深入访谈、案例分析、模糊层次分析、多目标规划分析等手段展开模型验证，不仅实证了理论模型，还用实证效果开展应用分析，提出湖南省房地产中小企业最优债务融资来源结构方案，并就实际应用设计了具体的对策。

1.4.2 研究不足

由于作者能力及学识所限，以及时间和条件等因素的影响，在研究过程中对一些问题还未能更加细致深入，需要在以后的研究工作中进行完善及补充。这些问题主要包括：

（1）在房地产企业债务融资来源结构优化研究中，基于企业风险管控的视角下进行融资来源结构优化时，考虑的因素仍忽略了融资结构中另一重要来源即股权融资比例带来的影响，存在债务融资外延性研究的不足。

（2）在房地产企业债务融资来源结构优化研究中，利用模糊层次分析法对债务融资来源相对重要性程度的评分具有一定的主观性，在未来研究中可以尝试采用定量评价模型对房地产企业债务融资来源的相对重要性程度进行评价。

第2章　文献综述及评价

本章主要归纳、总结、评价国内外关于房地产企业债务融资效率和结构的研究现状。本章共分为3节：2.1节对债务融资效率文献进行综述；2.2节对债务融资文献进行综述；2.3节对债务融资来源结构文献进行综述。本章从上到下，从国外到国内，从不同角度和层次展开对企业债务融资的文献综述并进行评价以及提炼其可能给本研究带来的启示和启发。

债务融资是指从银行或非银行金融机构融通资金的过程，是企业最为常用的融资方式之一。Chua等指出，债务融资是企业一个重要的资金来源，债务融资的现有理论是基于引起贷款人和借款人之间利益和信息不对称的潜在冲突的代理问题而形成的。[1] 李兰云等将房地产行业债务融资定义为，房地产企业通过金融机构和非金融机构借入资金，或在开发过程中形成的应付账款和预收账款的形式融入资金。[2]

债务融资结构的有关理论是企业债务融资理论的一个重要分支，也是一个影响和贯穿整个债务融资的框架要素，企业要发展需要发挥债务的杠杠作用，融资结构直接影响融资成本和风险乃至效益，因此有着举足轻重的作用，有关国内外的文献综述如下。

2.1　债务融资效率文献综述

2.1.1　融资效率的定义

关于融资效率的定义，不同的学者见解各异。刘海虹认为，企业融资过程实质就是以资金供求形式表现出来的资源配置过程，企业获得资金的渠道、方式、成本和规模反映了社会资源配置的效率。企业融资效率即企业融资能力的大小，在现代市场经济条件下，企业融资效率则相对独立地体现出来，并在相当大的程度上决定着经济发展的效率。[3] 叶望春则将企业的融资效率界定为，涉及企业融资成本高低、融资风险大小以及融资行为方便程度的一个综合性概念。[4] 王旭等指出，融资效率是指在实现储蓄向投资转化的过程当中，某种融资制度或者融资方式所表现出来的能力以及功效。[5]

2.1.2 融资效率理论文献研究

企业融资效率一直都是专家们关注的重点，他们从不同的角度对企业融资效率进行分析和研究。

基于融资结构视角: Hovakimian 等通过理论模型得到结论，即企业在决定融资结构时，应以较多的债务融资来支持当下发生的业务，而以股权融资来满足成长的需要，并以此来保证自己的融资效率。[6] 齐绍洲指出，公司治理的不完善有可能导致更多的资本资源被配置到管理层的私人收益上，所以只要企业所创造的边际私人收益大于零，管理层就有减少企业红利或利息的动机，从而对企业股权和债权融资造成负面影响，降低融资效率，影响企业效益增长。要改变这一状况，就需要完善企业的委托代理机制，加强管理层的监督，提高资本市场市场化程度和竞争性，以提高融资效率，促进企业的发展。[7]

基于融资方式视角: Cardone 等进行的实证研究表明，企业可以通过转向信用市场来缓解从资本市场融资难的情况。企业可以通过提供劳务保证的方式来维持良好的银企合作关系，从而促使企业融资效率提升。[8]Matias 等对葡萄牙中小型企业银行关系与信贷条件的关系进行了评估。其结果表明，单独长期的银行关系对企业是否能获得更好的银行信贷条件并不重要，中小型企业可以通过提高借款集中度来提高融资效率。[9]

基于资源配置视角: Almeiad 等证实，资本配置的有效性取决于企业的外部融资需求以及外部投资者对企业的保护，无效的投资保护会降低企业配置资金的效率，当企业的外部投资需求增长时，资本会从低生产效率的项目向高生产效率的项目转移，实现资本资源的重新配置，从而提高效率。[10]Fernández等研究了西班牙中小型企业外部融资与企业经济增长之间的关系，实证结果表明外部融资有助于提高中小企业资本配置效率。[11]

国内关于融资效率的研究主要还是承袭了 Robinson 和 Wrightsman 的观点，部分学者从企业融资效率的定义及其内涵来上将融资效率细分为四个方面，分别是企业资金融入效率、筹集资金使用效率、融资风险和企业在融资后的自由度。

2.1.3 融资效率评价方法文献研究

目前，评价效率的方法虽然有很多，但还是以模糊综合评价方法、层次分析法和数据包络分析法等传统效率评价方法使用得最为普遍。

融资效率评价方法国外文献研究：Han 等将模糊综合评价模型应用于地层稳定性对采空区影响的评价分析。[12]Gong 等利用模糊综合评价方法对兰州水资源的现状进行了分析并对未来动态趋势完成了预测，并得出了兰州目前水资源发展已经达到了一定的规模，但其承载能力逐年下降的结论。[13]Saaty 指出，层次分析法是通过两两比较来判断其测量值较优的一个，并通过实证研究表明该方法可以用来选择多个事物中最优的一个。[14]Yu 等利用层次分析法来评价新兴技术替代品的效率值，结果表明该方法可以提供一种有效而合理的最优新兴技术。[15]Deng 等在包含专家给出的两两比较矩阵的基础上扩展了传统的层次分析法，并通过案例验证了该方法的有效性。[16]Wang 等利用三阶段 DEA 模型评估了各国研发活动的相对效率，将资本和人力作为输入，专利和学术出版物作为输出进行实证研究。结果表明，只有不到一半的国家研发活动是完全有效，超过三分之二的处于规模收益递增的阶段。[17]Yang 等利用网络 DEA 模型对我国钢铁区域技术效率进行了实证分析，实证结果表明我国钢铁行业的技术效率稳步提高。[18]Mozaffari 等基于 DEA-R 模型对中国台湾 21 家医疗中心成本效率进行了评价，并与 DEA 模型效率评价进行对比，结果显示 DEA-R 模型优于 DEA 模型。[19] 熵是对一个系统中的不确定性的一种度量。Shannon 等将熵定义为，一个事件发生的概率的负对数函数。[20] 近年来，熵值法被广泛运用于对各个领域的效率进行评价和分析，与以上方法相比其最大的优点是具有较强的客观性，避免了权重确定上的主观性。同时，熵值法是一种动态的赋权方法，具有很大的灵活性。Ortiz-Cruz 等通过熵值法分析了美国原油市场的信息效率，认为美国经济衰退会增加信息效率降低的可能性。[21]Kristoufek 等用熵值法对全球 38 个股市指数进行效率评价，并得出了最有效市场位于欧元区(荷兰、法国和德国) 的结论。[22]

融资效率评价方法国内文献研究：李露凡等通过建立模糊综合评价模型并按一定的标准对所有方案进行排序，最终得出了最优工程项目融资模式。[23] 张铁山等和郭平等基于熵值法从筹资效率、配置效率和治理效率三个维度考察了我国信息产业民营上市公司的融资效率，得出了我国信息产业融资效率处于低水平的结论，并分别从企业盈利能力、筹资成本以及监事会持股比例三个方面进行了详细的分析。[24, 25] 郭平等还结合主成分分析法和熵值法对我国创业板上市公司的融资效率进行了实证研究，结果表明我国必须在加强对创业板的建设的同时加大对创业板上市公司的扶持。[25] 张博等基于熵值法从资金到位、融资成本、企业价值、抗风险性、资本结构以及公司治理几个层面对我国上市公司融资效率进行了探讨，发现目前上市公司融资效率整体水平较为低下、提升缓慢。[26]

熵值法具有较强的客观性，可以根据评价对象影响指标的具体数值进行计算，是一种客观的计算方法，并且评价对象在不同时间段内的指标权重随着指标基础数据的不同而变化。同时，通过熵值法计算得到的权重间接反映了评价对象在不同时间段内的总体水平，通过标准化矩阵可以抵消不同单位所带来的影响。因此本书笔者在已出版的专著和论文中也做过债务融资方面问题的分析评价。

文献评价：以上方法在实践中都对有关债务融资效率评价做了探讨，并有一定的应用和参考价值。本书介绍一种物元评价分析法，相关理论由蔡文提出，其在许多领域如工程、经济、管理等方面的综合评价有较好的应用效果，有关学者也做了充分地探讨，其特点是能够将复杂的多指标定性定量问题通过物元模型划分为有联系的不同区域等级，通过模型测算得出量化的比较数值来确定待评物元的区域等级，以定量的数值表示评价结果，体现了比其他综合评价方法更直观的优越性。[27] 本书初次探讨其在房地产中小企业债务融资效率方面的评价分析。

2.2　债务融资文献综述

2.2.1　企业债务融资文献综述

根据资金来源的不同分为两种融资方式——权益融资和债务融资，其中债务融资是指企业通过负债的方式获得经营所需资金的活动。企业的发展需要资金投入，特别是随着现代工业的迅猛发展，企业规模越来越大，对资金的需求也是越来越迫切，金额也越来越大，所有者的自有资金已经不能满足企业规模的迅速增长，需从外部融得资金。而在外部融资方式中，债务融资是被企业广泛采用的方式，人们对债务融资的分析也越发成熟，在进行负债前，充分权衡债务融资的收益与成本，力图实现企业价值最大化，因此大多数公司资产负债率大都居高不下。

1. 债务融资期限结构国内外相关理论分析

(1) 债务融资期限结构国外相关理论分析。

关于企业风险与债务融资期限结构的研究：各学者者从不同的角度，包括企业风险、信号传递和期限匹配等对债务融资期限结构进行研究。Myers 提出影响企业债务融资期限结构的因素多种多样。[28]Flannery 提出了信息传递对于企业债务融资结构的影响作用。他认为信息的不对称性导致投资者的长期投资承担更高的风险，所以长期债务比起短期债务受到信息不对称的影响更大。[29]Goyal 等人的研究补充了信号传递对企业债务融资期限结构的研究。他们认为，债权人对债务期限的选择取决于债权人了解到的有关债务人违约风险概率的私人信息。[30]

关于企业价值与债务融资期限结构的研究：作为债务融资结构的一个重要方面，债务期限结构会对企业价值造成影响，债务期限结构的优化可以降低融资成本、增加企业价值。Jensen 认为，短期债务的规模会对自由现金流造成影响，而短期负债较长期负债能有效减少代理成本，从而抑制管理层的过度投资。[31]

Diamond 则在信息不对称的前提下实证分析了债务期限结构对公司绩效及质量的具体影响，实证分析结果显示，绩效及质量较好的公司通常短期负债比例较高，而绩效及质量较差的公司通常短期负债比例较低。[32]Aydin 选取 439 家英国企业进行研究也指出发展前景好的企业倾向于选择短期负债。[33]Hall 等以英国企业为研究对象，分别研究短期负债率和长期负债率对企业获利能力的影响。实证结果表明，短期负债率与企业获利能力呈显著负相关关系。[34]Paul 等在考察股东和债权人的利益冲突时发现，短期负债能够降低投资不足或过度投资的代理成本而增加企业价值。[35]Brick 等在研究债务期限结构与公司绩效之间关系时，将利率和税收考虑进来，指出在利率固定的前提下，债务期限不同的公司税收对企业价值的影响也有差异；债务人违约的概率会随着债务期限的延长而增加，税盾现值在负债前期比后期高，因此长期债务可以在一定程度上降低公司预期应纳税额，进而增加企业现期的市场价值。[36]Hart 等从投资的角度研究发现，公司的长期负债对其价值的影响存在不确定性。一方面，当公司没有长期债务时，经理层对新项目有投资的冲动，即使其净现值为负，此时长期负债能够抑制经理层的过度投资；另一方面，如果公司有较多的长期债务，这会对经理层的融资能力产生约束，导致虽然有净现值为正的投资项目却无法实施，从而产生投资不足问题。[37]

Valeriy 将公司债务划分为担保债务和无担保债务，研究了其对公司整体资产流动性的影响，认为杠杆效应与公司资产流动性存在以下关系：担保债务与公司资产流动性之间是正相关关系，而无担保债务与公司资产流动性之间呈曲线关系。[38]Dessí 等从公司内部就债务融资对公司业绩的影响进行路径分析，发现那些高负债的公司自由现金流量也较高，公司业绩较好；低负债公司自由现金流量少，公司业绩一般。[39]Roberta 对如何通过债务融资提高所有者权益进行研究，发现经理层的认真努力可以帮助提高所有者权益，利用债务融资效应，债务融资会给经理层带来业绩下滑的还款压力，业绩下滑时经理层为了维持职位地位和获得固定奖金压力，只有更加努力工作才能减小不能还款的可能性。[40]

关于债务融资期限结构选择的研究：针对债务融资期限结构选择的问题，Magri 以及 Goyal 等指出，债务期限结构的选择要考虑信息不对称所带来的影响。[41, 30]Diamond 等的研究证明，债务期限结构能影响投资行为，从而影响企业价值。[42] 随着债务融资期限结构研究的深入，学者们进一步就债务融资期限结构的影响因素展开研究。Datta 等以及 Guney 等通过实证研究发现，管理者的持股比例与债务期限结构具有一定的相关性。[43, 44]Aslant 等利用市场数据证明，具有成长机会的公司更倾向于使用短期债务融资。[45]Lee 等也根据实证分析说明，股权结构与债务期限结构之间呈倒 U 形的非线性关系。[46]Correia 证实，公司债券契约的额外协议条款会对债务期限结构产生影响。[47]Harford 等研究发现，董事会成员薪酬与公司的长期债务比例呈负相关。[48]Brockman 等的研究表明，管理者持股和公司期权激励都能影响债务期限结构。[49]Fan 等考察了制度环境对债务期限结构的影响。[50]Kirch 等则认为，整个社会政策环境会影响企业的债务期限结构。[51]

(2) 债务融资期限结构国内相关理论分析。

国内学者对债务融资期限结构的理论研究比国外学者晚得多，因此国内学者的研究多是在国外学者对债务融资期限结构理论研究成果的基础上，结合我国经济发展的实际情况，根据我国企业的特点丰富了债务融资期限结构的理论。

关于代理成本与期限结构的研究：李世辉等选取了 102 家中小板上市公司的数据，在现有的代理成本理论研究成果的基础上，基于显性和隐性代理成本两方面分析债务融资代理成本对企业债务融资期限结构的影响。他们的研究证明了企业代理成本会受到来自不同期限的债务融资的影响。企业的显性代理成本，会受到短期负债的影响而降低；至于企业的隐形代理成本，则会受到长期负债的影响而降低，长期负债会对企业的隐形代理成本起抑制作用。[52] 曾琰利用2005—2009年在沪深两市上市交易的1 042家非金融类上市公司的数据，从制度环境，也就是市场化程度、产品市场发展程度、金融市场发展程度、法律环境和政府干预程度是如何影响企业进行债务期限选择这个角度进行了实证研究。其实证研究结果表明，制度环境因素对公司如何进行债务期限选择有着重要的影响。[53] 谢海洋等指出代理成本理论认为不同的债务融资结构对投资行为有着不同的影响，进而影响代理成本的高低，主要表现在对过度投资和投资不足的约束方面。研究发现，债务类型结构中银行借款不能抑制过度投资和投资不足，债务期限结构中长期借款推动过度投资而短期借款抑制过度投资和投资不足的作用较弱，并不支持代理成本理论。[54]

综合影响因素与期限结构的研究：除了研究单个因素对债务期限结构的影响外，国内学者也开展研究多个因素对债务期限结构的影响。王汀汀等系统分析了债务期限结构的影响因素，研究表明，资产期限、企业规模、杠杆率、自由现金流量、资金成本这些因素都能对企业债务期限结构产生重要影响。[55] 后来刘辉的研究对此做出了补充说明，他选取成长性、自由现金流量、公司规模、实际税率等九个因素，结果表明这些因素都对企业的债务融资产生重要影响，并且指出这些因素之间也存在着相互影响的关系。杨棉之等以沪深300成分股的数据为研究样本，在分析上市公司债权治理对公司绩效的影响时发现，公司绩效采用不同指标表示时，债权对其的影响在方向和程度上都有所不同，长期资本负债比率越大，公司绩效越好。[56] 杨兴全等认为，公司治理有效性与债务融资期限结构呈负相关。[57] 肖作平等指出，股权结构也能影响债务期限结构。[58] 姚明安等研究发现，在高信用等级的企业中，高管持股比例的大小会对债务期限结构产生影响。[59] 王泽填等的研究得出了第一大股东持股比例与债务融资期限结构呈显著U形关系的结论。[60] 赵晓东等研究指出债务融资水平的高低及期限结构与公司绩效密切相关，与债务融资相关的决策亦构成公司重要的财务决策内容。[61] 李昕潼等研究发现实施EVA考核对央企提升总体负债水平起到了促进作用，并且对短期负债影响大于对长期负债影响。[62] 黄秀女等指出信息披露质量越高，公司的债务期限结构越偏向于配置长期债务。[63]

2. 债务融资规模结构国内外相关理论分析

（1）债务融资规模结构国外相关理论分析。

关于社会经济与债务融资规模结构的研究：Kulkarni 等发现，在印度，在经济繁荣时期债务融资比例减小，处于经济紧缩期时债务融资比例增大。[64]

关于企业治理与债务融资规模结构的研究：从企业治理问题角度来看，Chua 等指出，新的合资企业往往需要进行债务融资，但是代理问题使得其在贷款融资方面存在困难，而家庭参与可以直接或者间接扩大融资结构中债务融资所占的比例。[1]Margaritis 等选取法国制造业为样本，通过非参数数据包络分析方法（DEA）发现公司治理效率对企业资产负债杠杆有促进作用，同时还证明股权集中的企业往往具有较高的债务融资比例。[65]Erol 研究债务规模对公司绩效的影响，先从资本机构对企业价值影响的不相关理论、静态平衡理论和优序融资理论进行理论分析，认为债务规模的扩大势必导致风险的增加，不同规模的公司债务规模也不同，当一定规模下的公司债务过度增加时将会对公司业绩和持续发展产生负面影响，并且在经济下滑阶段，债务规模的扩张对公司业绩的负面影响将更显著。[66]

关于企业价值与债务融资规模结构的研究：Masulis 研究发现，在企业的融资结构中负债水平在 0.23 至 0.45 之间时对企业价值有正的影响。[67]Shah 通过实证研究得出结论：企业融资结构中的负债融资比率与股票价格呈正相关关系。[68]Zhan 等实证发现，在企业资金总需求一定的情况下，债务融资规模增大，资产收益率和企业价值也随之增大。[69]Park 等发现，在餐饮行业，债务融资规模与企业价值表现呈正相关关系。[70]Margaritis 等也通过实证研究发现，资产负债率与企业价值之间并不是简单的线性关系，而是呈现倒 U 形关系。[65]

（2）债务融资规模结构国内相关理论分析。

关于社会经济与债务融资规模结构的研究：曾海舰等的研究表明，我国企业的债务融资规模与经济发展呈反向变动关系，当经济上升时，企业的债务融资规模下降；当经济下行时，企业的债务融资规模反而上升。[71] 此外，宏观经济政策对企业债务融资规模的影响作用也不容忽视，在信贷扩张时，规模小的、国有化程度低的以及担保能力弱的企业相对于规模大、国有化程度高和担保能力强的企业，其债务融资的比例上升幅度更大；而在信贷紧缩时，前者相对于后者债务融资的比例下降的幅度更大。申香华在其研究中就指出，若政府对某行业的支持政策相对较多，银行对该产业的资金支持也相对更多。[72] 刘希麟认为，相比于非国有企业，国有企业更容易获得低成本的外源融资，因而其内源融资产生了很大的问题。[73]

关于企业治理与债务融资规模结构的研究：孔庆辉在对 712 家企业进行研究分析时，将这些企业分为周期型企业和防守型企业。通过对不同经济时期企业的债务融资规模进行比较，孔庆辉得出这么一个结论：虽然周期型企业和防守型企业在经济衰退都会降低企业的债务融资规模，但是周期型企业的债务融资规模下降情况比防守型企业要明显得多。[74] 此外，还有从企业成长性的高低进行研究。李仁仁的研究就表明，企业的成长性与企业的债务融资规模处于同向变动的关系。随着企业的成长性的提升，企业的债务融资规模会逐渐扩大；反之，随着企业成长性的下降，企业的债务融资规模会逐渐缩小。[75]

关于企业价值与债务融资规模结构的研究：针对债务融资规模结构与企业价值之间关系的问题，现有研究主要集中于以下几个方面。许小乔选取沪深两市上市公司为样本，采用主成分分析法构建综合绩效指标，得到的结论表明债券融资与公司价值之间呈显著的正相关关系。[76] 陈德萍等以及李文新等都通过实证研究发现，企业的盈利能力与资产负债率呈显著负相关关系。[77, 78] 于斌等通过行业间的横向比较发现，总体上企业债务水平与企业价值呈显著的负相关关系。[79] 李仁仁发现，融资结构中的债务融资比例随着企业成长性与价值的提高而逐步下降。[75] 殷红等实证发现，在战略性新兴产业上市公司融资中负债融资比率的提高对企业价值产生了负向的影响，说明债务治理的无效性。[80] 刘晨曦等选取在中小板上市的 29 家江苏省民营企业为样本，研究了公司的债务与公司价值之间的关系，发现负债融资比例与公司价值呈负相关关系。[81] 除上述两个方面之外，还有一些文献认为债务融资规模与企业价值之间并非简单的线性关系。刘宁证实，融资结构中的债务融资比例与企业价值的关系呈倒U形：在债务融资比例水平较低时，债务融资比例与企业价值显著正相关；而债务融资比例水平较高时，债务融资比例与企业价值显著负相关。[82] 薄澜等的基于非平衡面板数据的研究表明，上市公司的应计盈余和真实盈余管理程度，都随着融资结构中的债务融资规模的增加而先下降再提高，从而给企业价值带来非线性的影响。[83] 杜勇等发现，债务融资规模对亏损上市公司的财务价值有正向和负向两种驱动效应，随着债务融资规模的扩大，其财务价值会出现先增大后减小的趋势。[84]

针对融资结构优化问题，石慧莹对不同资本规模、不同资本结构的企业进行了资本最佳计算和分析，得出在以企业价值最大化为财务目标时，当公司债务融资率为0.6时企业价值达到最大。[85] 谢芹通过研究252家A股公司的数据，发现我国上市公司融资结构中的最优长期债务融资比为30.35%。[86] 韩明证实融资规模与企业价值的关系是呈倒U形：在融资规模较低时与企业价值显著正相关，而融资规模较高时与企业价值显著负相关。[87] 安磊等对不同资本规模结构的企业进行了最佳资本计算，得出当企业财务目标为企业价值最大化时，都会使企业价值达到一定的最大值。[88] 吴国通等认为管理层过度乐观会导致企业新增债务融资规模更大，该结论在控制内生性问题之后依然成立。[89]

2.2.2 房地产企业债务融资文献综述

根据2011年的财政部、发展和改革委员会、工业和信息化部、国家统计局联合发布的《关于印发中小企业划型标准规定的通知》，房地产开发企业按照主营业务不同将资产总额10 000万元以下或每年营业收入200 000万元以下的划分为中小微型企业。其中资产总额5 000万元及以上，且每年营业收入1 000万元及以上的为中型企业；资产总额2 000万元及以上，且每年营业收入100万元及以上的为小型企业；每年营业收入100万元以下或资产总额2 000万元以下的为微型企业。因此本书将本课题研究的房地产中小企业的标准确定如下，以此作为调查对象和样本数据选取：①主营业务：房地产开发为主营业务，且每年开发面积不超过30万m^2；②资质：具有二级资质（含二级）以下开发资质，但注册资本低于一级资质注册资本5 000万元，且总资产不超过15 000万元；③非上市房地产企业；④企业员工数：雇佣人数不超过200人。

1. 房地产企业债务融资国外相关理论分析

Supa通过研究泰国房地产行业资本结构决策和目标水平调整速度的显著影响因素，发现具有较高盈利能力和较高成长机会的企业往往拥有较少的债务融资。[90]

2. 房地产企业债务融资国内相关理论分析

邱鹏冰在研究中指出债务融资是公司重要的资金来源，对于房地产这种资金密集型产业来说尤为如此。如何科学地做出债务融资结构决策，促进公司绩效的提升，是学者和管理者都关注的问题，对国家经济的稳定持续发展也有着重要意义。[91]许拓实证研究发现，当房地产开发企业的融资中债务融资达到57.33%时，公司绩效最佳；当其低于57.33%时，企业的绩效会随着债务融资规模的增大而提高；当高于57.33%时，债务融资比例的增加只会降低企业的绩效。[92]张顺慈研究指出，融资包括内部和外部融资两部分。内部融资是房地产开发企业利用企业现有的自有资金来支持项目开发，或通过多种途径来扩大自有资金基础。开发企业的自有资金包括现金、其他速动资产以及在近期内可以回收的各种应收款，开发商向消费者预收购房定金或购房款也可属于内部融资的一种。外部融资有主权性融资和债务性融资两种。主权性融资是指融资者以出让一部分利润为条件而向出资者融资的行为，包括：发行股票融资、合作开发融资、房地产投资信托。债务性融资是指融资者以还本付息为条件而向出资者融资的行为。[93]胡军在研究我国国民经济指标后，通过对比分析我国和美国的结构、收入、分配差异，指出由于房地产业进一步发展的客观需要，REITs发展所需的投资主体已逐步形成，住房公积金的保值增值需要、税收制度的完善更凸显REITs的税收优势，目前我国房地产融资引入REITs已具备可行性。[94]汪志超基于信息不对称条件下的权衡、代理成本等融资结构理论，从资产负债率、短期负债率以及银行借款比例三个方面对我国房地产上市公司债务融资结构进行描述性及实证研究。[95]

2.2.3　债务融资文献综述评价

债务融资是现代企业的主要筹资方式之一。通过债务融资，不仅可以解决企业经营资金的问题，而且可以使企业资金来源呈现多元化的趋势。但债务融资是一把双刃剑，在满足企业资金需求、带来财务效益的同时，也给企业带来了风险，严重的甚至会导致财务危机，面临破产。因此，如何正确认识企业债务融资，并建立风险防范措施显得尤为重要。

房地产行业是一个资本密集型行业，整个开发过程需要大量资金。房地产企业具有前期投入较大、资金回收期较长的特点，选择最优的债务融资期限结构，使不同期限的债务能够满足生产的各个阶段对资金的需求，减少资金成本并提高企业价值是房地产企业融资决策中的重要课题。综上所述，债务期限结构问题受到越来越多的学者关注，他们主要从理论上对债务期限结构进行分析与推导，但目前还少有学者从实证上给予相关证明。

综上所述债务融资结构是涉及规模、期限等方面问题，且与社会经济、企业价值、企业规模、企业绩效、企业成本、企业成长能力、资产收益率、财务杠杆等有一定相关关系，这些研究为本课题提供良好的基础研究。

但目前国内外对房地产企业融资结构研究的基本情况是：①以各种上市企业为样本，但对房地产企业的债务融资规模、期限结构的研究甚少；②研究较少关注中小企业，特别是对房地产中小企业债务融资规模、期限结构的综合研究几乎没有；③对该问题的研究较多地还停留在定性层面，文献显示没有对房地产中小企业债务融资结构的优化及应用问题展开定量和实证分析。这为本课题研究留下了新的空间，希望有新的突破。

2.3　债务融资来源结构文献综述

债务融资来源结构是指，企业债务资金中各种不同债务来源资金之间的构成和比例关系。一方面，由于债务融资来源不同，其资金成本和偿还期限也会各异，因此债务融资来源结构将对企业的财务成本、资金流动性以及经营风险等产生作用，进而影响企业的财务状况和生产运营；另一方面，保持合理的债务融资来源结构能够有效发挥企业的财务杠杆效应、税盾效应和信息传递效应，从而起到加强公司治理、传递公司信息以及提高企业价值的作用。

2.3.1 企业债务融资来源结构文献综述

1. 债务融资来源结构国外相关理论分析

在债务融资来源结构方面，国外学者分别从债务融资成本、企业信用水平和企业股权、价值、风险方面去分析。

融资成本与债务融资来源结构的研究：一部分学者认为融资成本对债务融资来源结构的影响最显著。Pianeselli 等在对来自欧美国家的一些非上市非金融企业发行债券会对长期融资成本的影响进行实证分析的时候发现，债券发行成本包括债券发行费用和市场评估费用，在金融危机时期，有着明显的增长，而债券发行成本的上升会导致债券融资的比例下降。[96]Shibata 等对债券市场发行政策的限制对债务融资结构来源的影响进行研究的结果表明，债券融资政策通过提高债券发行成本，加强了对债券发行的限制后，企业选择债券融资的可能性虽有下降但是仍倾向选择债券融资，导致债券融资的比例仍然大于银行贷款融资的比例。[97]Luo 认为，有息债务融资具有明显的税盾效应，能有效降低债务融资成本。他同时还证明了企业有息负债占总负债的比例与企业所得税税率呈正相关。合理的资本来源结构不仅可以提高公司价值，降低资本成本，还可以优化公司结构。[98]

企业信用与债务融资来源结构的研究：另一部分学者则指出，企业信用水平是影响其债务融资来源结构的主要因素。Leary 等的研究表明，企业的信用水平对债务融资来源结构有着重要影响。他们在研究中发现，信用水平更高的企业更愿意选择发行公共债券进行债务融资，信用水平一般的企业主要采用银行借款进行债务融资，而信用水平较低的企业则更可能选择非银行机构的私人贷款。[99]Shirasu 等以及 Davydov 等的研究表明，金融危机时期债务来源于银

行借款比例大的企业，其公司绩效显著优于公共债务比例大的企业。[100, 101]

股权结构与债务融资来源结构的研究：还有一部分学者从股权结构等方面考察了债务融资来源结构的影响因素。Liao 发现，专业投资者持股比例较高的企业为了降低债务融资成本，其银行借款融资比例明显大于债券融资。[102] Lin 等通过对 20 个国家 9 831 家企业的债务融资来源结构进行实证研究，发现大股东控制的企业为了规避银行的监控和审查，更倾向于选择公共债务融资，而不是银行借款。[103]Sun 等实证研究了中小企业债务融资来源结构的决定因素，研究结果显示董事会规模通过对公司决策的杠杆作用，显著影响着公司的债务融资来源结构，且独立董事成员越多，公司获得债务资本的比例越高。[104] Shibata 等分析了债券市场发行限制对企业债务融资来源结构的影响，结果表明在债券市场发行限制增加的情况下，企业选择债券融资的可能性高于选择银行借款。[97]Chua 等则认为，家族参与有利于增加合资企业向家族社会资源借用资金的能力，从而拓宽债务融资来源的渠道。[1]

企业价值与债务融资来源结构的研究：Davydov 考察了主要依靠公共债务融资的企业，其股票市场价值要低于依靠其他债务融资来源的企业。[105]

企业风险与债务融资来源结构的研究，国外有学者利用超过 9 000 家企业的债务融资来源结构对企业债务融资进行实证分析，其研究结果表明，企业为了降低财务风险，更倾向选择还款压力相对较低的应付账款等占用供应链资金的商业信用融资方式，而不是过度依赖银行贷款。

2. 债务融资来源结构国内相关理论分析

在研究债务融资来源结构方面，国内学者分别从企业信用水平和企业价值两方面去分析。

企业信用与债务融资来源结构的研究：在债务融资来源结构对公司治理的影响方面，黄文青探讨了债务来源结构对企业的债权融资治理效率的影响，结果表明商业信用和银行借款不能对企业经营者形成有效的监督和制约，反而会加剧企业的代理冲突。[106] 段伟宇等实证分析了债务来源结构对企业成长性的影响，研究结果显示商业信用和银行借款的比重与企业成长性显著负相关。[107]

企业价值与债务融资来源结构的研究：在债务融资来源结构对企业价值的影响方面：屈耀辉为了考察债务融资来源对企业创值能力和成长性的影响，在研究企业发展能力的高低会受到不同债务融资什么样的影响时，认为应该将企业债务融资来源分成经营负债融资和金融负债融资两个角度进行分析。经过对部分上市公司的财务数据进行实证分析后，得出这样一个结果：在提升企业发展能力的过程中，比起经营负债融资，金融负债融资起到的促进作用更小。[108] 李建军则通过将债务融资来源分为经营负债融资和金融负债融资，探讨了债务来源结构对企业盈利能力的影响。[109] 陆嘉玮等得出债务来源对负债融资与过度投资之间的关系具有显著异质性影响，相较于商业信用银行贷款与过度投资之间的正相关关系更加显著。[110]

2.3.2 房地产企业债务融资来源结构文献综述

债务资本结构作为资本结构的重要部分，对企业是十分重要的。房地产行业是一个典型的资金密集型行业，资产负债率高、对资金过度依赖是我国房地产企业资本结构的特点。近年来我国频频出台政策来调控房地产市场，也对房地产企业债务来源结构产生了直接影响。因此鉴于房地产企业特殊的资本结构，研究其来源结构对房地产债务资本结构的影响具有重的意义。

1. 房地产企业债务融资来源结构国外相关理论分析

就房地产企业债务融资来源而言，Andy 等的调查和研究表明，美国房地产业投资的 70% 为自有资金，银行贷款只占房地产企业融资的一小部分。[111]

2. 房地产企业债务融资来源结构国内相关理论分析

黄珺等以 2006—2010 年上市公司的财务数据作为研究对象，借鉴 Richardson 投资模型对债务融资规模、过度投资和过度投资行为的治理研究三者关系进行实证研究。研究结果表明，债务融资规模与企业过度投资行为之间呈现显著的负相关关系，但不同的债务融资来源类型对抑制企业过度投资行为的作用是不一样的；他们通过实证研究发现，债务融资对房地产企业的过度投资行为具有抑制作用。同时，银行借款不能抑制过度投资，反而具有促进投资的作用；商业信用则能有效抑制过度投资。[112] 而张戈等的研究则显示，我国房地产企业的债务融资渠道来源比较单一，过度偏重于银行，不利于房地产企业的健康发展。[108] 薛晴等人通过研究分析，银行借款和债券融资的成本远高于施工方垫资，为了企业融资成本高、融资难的困境，房地产企业可以考虑提高利用占用上游企业资金这一债务融资方式的比例。[113]

在房地产债务融资来源结构的影响因素方面，薛晴以及王会兰等在研究中指出，施工方垫资相对于银行借款和债券融资的资金成本较低，且能缓解房地产开发企业的资金周转困难，因此房地产企业应更多地利用施工方垫资这一融资方式 [114, 115]。吴静提出，我国房地产金融市场主要以银行信贷为主，其他金融方式如上市融资、信托融资、债券融资以及基金融资等所占比例较小。银行一直以来都是房地产市场的主要资金提供者，大约 70% 的房地产开发资金来自银行贷款。因此，她主张要发展房地产产业投资基金，这将有助于降低因过分依赖银行而带来的系统风险。[116] 刘娇指出作为国家经济体系的主要支柱产业，房地产行业的健康可持续发展已经是学者研究的重点问题，房地产业存在比较高的资产负债率，是资本集中性的产业，资本来源多样化，主要是从银行借款获得，国家在这方面的宏观调控政策不断调整，怎样确定合理的债务融资结构，更好地提高公司绩效，是现阶段业内重点研究的问题。[117]

2.3.3 债务融资来源结构文献综述评价

房地产企业具有前期投入较大、资金回收期较长的特点，选择最优的债务融资来源结构，使不同来源债务能够满足生产的各个阶段对资金的需求，减少资金成本并提高企业价值是房地产企业融资决策中的重要课题。

综上所述，债务融资来源主要包括银行借款、商业信用和债券发行等方面，其融资来源选择主要受融资风险、融资成本、企业信用水平、企业价值、公司治理、股权等因素影响，且债务融资来源结构受融资效率、企业价值和企业成本的影响较显著，这些研究为本课题提供良好的基础研究。但是目前国内外关于债务融资来源结构的研究基本上是以上市公司为样本，较少关注中小企业，特别是对房地产企业债务融资来源结构的研究甚少，对房地产中小企业债务融资来源结构的分析几乎没有，并且目前对该问题的研究还基本上停留在定性分析层面，鲜有学者对房地产中小企业债务融资来源结构的优化及应用问题展开定量和实证分析，这为本课题研究提供了新的空间。

第3章 债务融资来源结构基础研究理论分析

本章就房地产中小企业债务融资来源结构的相关基础研究理论进行阐述。本章共分为4节：3.1节是债务融资来源结构基础理论分析，对债务融资和债务融资来源结构的含义进行界定，同时讨论并分析相关的债务融资和来源结构基础理论；3.2节是债务融资来源结构效率及其影响因素理论分析，对债务融资结构内涵、效率评价指标、评价方法等进行分析，并就债务融资结构和房地产企业的债务融资来源微观、宏观因素影响进行阐述；3.3节是房地产中小企业债务融资来源结构内涵及影响分析，分析了房地产行业基本概况、房地产债务融资来源结构特点、房地产债务融资来源结构影响因素等内容；3.4节为本章小结。本章从整体上较全面地整理了债务融资来源结构基础研究理论，为后续拓展本研究铺垫了较为扎实的理论基础。

3.1 债务融资来源结构基础理论分析

3.1.1 债务融资和债务融资来源结构释义

1. 债务融资的内涵

债务融资是指企业通过借款、发行债券、租赁等方式，向个人或机构筹集发展所需资金的融资行为。个人或机构向企业借出资金并成为公司的债权人，而进行融资的企业则履行到期偿还债务的义务，即债务人。

以融资过程中是否有金融中介机构参加为标志，债务融资可以分为直接债务融资和间接债务融资两类。所谓直接债务融资，指的是企业在筹集资金的过程中，无须通过金融中介机构，直接向资金拥有者进行资金融通；而间接债务融资，指的是企业在筹集资金的过程中，通过银行及非银行金融机构，以信贷等方式筹措资金。

债务融资的特点有短期性、可逆性、负担性和流通性。

短期性，指的是债权人根据债务融资合同的规定，按照合同约定的时间收回本金和利息，因此企业通过债务融资方式筹措的资金在使用上具有一定的时间限制，实际上这就是企业负债的一种类型。

可逆性，指的是企业通过债务融资方式从债权人处获得的资金，在日后要以现金或与现金等额的资产偿还给债权人。

负担性，指的是债务融资除了需要支付资金筹集成本，还需要按照债务融资合同规定支付一定资金的使用成本。一般来说，这种资金使用成本就是企业支付给债权人的利息，实际上会导致企业的财务费用增加，进而使得企业的利润下降。债务人必须按照合同规定的时间支付利息，这对企业来说其实是一种固定负担。

流通性，企业为实现债务融资而发行的债券，可以在资本市场上实现自由买卖，具有较好的流通性。

2. 债务融资来源结构的内涵

债务融资来源结构主要指企业的债务资金中各个来源资金之间的占比和构建关系。因为债务融资来源具有差异性，使得其成本以及偿还时间也大不相同，导致债务融资来源结构将会给企业的财务资本以及资金流动等方面带来某些影响，进而影响企业的财务运营情况，所以提升债务融资来源结构的规范性和合理性，有利于企业自身具备的财务杠杆效应的全面发挥，进而有效提升企业的整体价值。如果还能实现债务融资方式的多样化，将有利于企业的长远发展。

3. 债务融资的来源分析

企业的债务融资主要来源于四个方面——商业信用、银行信贷、企业债券和租赁融资，这四种基本方面能衍生十几种不同的具体融资方式。不同来源类型的债务方式在约束代理成本方面具有不同的特点，当一个企业具有多样化的债务类型结构时，有利于企业债务之间的互相配合并降低企业的债务代理成本。

（1）商业信用。商业信用是指在商品交易买卖过程中在企业之间由于延迟付款或者提前收款等购销活动形式而自然形成的一种信用形式，也是企业十分重要的一种负债融资来源。商业信用融资是指企业之间在买卖商品时，以商品形式提供的借贷活动，是经济活动中的一种最普遍的债权债务关系。

商业信用的存在对于扩大生产和促进流通起到了十分积极的作用，但不可避免地也存在着一些消极的影响。商业信用是期限较短的一类负债，一般是与特定的交易行为相联系，风险在事前基本上就能“锁定”，代理成本较低。但是，由于商业信用比较分散，单笔交易的额度一般较小，债权人对企业的影响很弱，大多数处于被动的地位，即使企业出现滥用商业信用资金的行为，债权人也无权干涉。

（2）银行信贷。银行信贷是指企业根据银行的借款合同向银行和其他非银行的金融机构借入的需要按规定还本付息的超过一年的长期款项或不足一年的短期款项。银行信贷融资便是以银行为中介的融通资金方式。银行信贷是企业最主要的一项债务资金来源，在大多情况下，银行也是债权人介入企业管理的首要代表，有能力对企业进行干预和对债权资产进行保护。

银行信贷是企业最重要的一项债务资金来源，在大多数情况下，银行也是债权人参与公司治理的主要代表，有能力对企业进行干涉和对债权资产进行保护。但银行信贷在控制代理成本方面与商业信用存在同样的缺陷——流动性低，资金一旦投入企业则被“套牢”。

信贷资产缺乏由充分竞争产生的市场价格，不能及时对企业实际价值的变动做出反应，面临较大的道德风险，尤其是必须经常面对借款人发生将银行借款挪作他用或改变投资方向，以及其他转移、隐匿企业资产的行为。债务人的道德风险由于银行不能对其债权资产及时准确地做出价值评估而难以得到有效的控制。

（3）债券融资。债券融资与股票融资相同，属于直接融资。在直接融资中，需要资金的部门直接在市场上融资，借贷双方之间存在直接的对应关系。

债券融资在约束债务代理成本方面具有银行信贷不可替代的重要作用。

首先，企业债券通常存在一个广泛交易的市场，投资者可以随时予以出售转让。这就为债权投资人提供了充分的流动性来降低投资的“套牢”效应，即降低了投资的专用性。在这种条件下，债权人对权利的保护不再是必须通过积极的参与治理或监督，还可以通过“一走了之”的方式。在这种情况下，债权人与股东之间的冲突被分散化了，债权的代理成本也相应降低。这同股票的流通能带来股权资金的相对低成本使用是相似的道理。

其次，债券对债权融资代理成本的约束还通过“信号显示”来实现。债券存在一个广泛交易的市场，其价格能对债券价值的变化做出及时的反应，同时，债券的价格变动将反映出企业整体债权价值和企业价值的变化。企业债券实际上起到了一个“显示器”的作用。可以使债权人及时发现债权价值的变动。尤其是在发生不利变动时迅速采取行动来降低损失。银行对贷款的质量评估也可以起到类似作用，但由市场来对企业债务定价，不仅成本要低得多，而且准确性和及时性要高得多，债券的这种信号显示作用是其他债权融资方式所没有的。当然，与银行信贷相比，债券融资也有不足之处，主要表现为：债权人较分散，集体行动的成本较高，债券投资者较大众化，未必是专业机构。

（4）租赁融资。租赁融资是由出租人根据承租人的请求，按双方的事先合同约定，向承租人指定的出卖人，购买承租人指定的固定资产，在出租人拥有该固定资产所有权的前提下，以承租人支付所有租金为条件，将一个时期的该固定资产的占有、使用和收益权让渡给承租人。

租赁融资最大的特点是不会产生资产替代问题，因为租赁品的选择必须经过债权人（租赁企业）的审查，而且是由债权人实施具体的购买行为，再交付到企业手中。除此之外，在债务清偿之前，债权人始终拥有租赁品在法律上的所有权，对企业可能的资产转移或隐匿行为都能产生较强的约束。从这个角度来看，租赁融资的代理成本较之其他方式的债权融资显然要低得多。

从上面的分析可以发现，各种债务融资方式在克服代理成本方面均具有各自的优势与不足。因此在债务融资中应实现各种融资方式之间的取长补短，将多种债务搭配使用、相互配合，最大限度地降低代理成本。

3.1.2 债务融资相关理论分析

1. MM 理论

1958 年，Modigliani 和 Miller 最初在《美国经济评论》中提出了 MM 理论，MM 理论在净营业收益理论的基础上加入了数学推导，研究结果证明了如果资本市场是完备的，企业融资结构与其市场价值无关。MM 定理开启了现代融资结构理论。

(1) 无公司税的 MM 定理。

无公司税的 MM 理论认为如果没有公司所得税，杠杆公司的价值等于无杠杆公司的价值。该模型有两个基本命题：

MM 理论命题 I：杠杆企业的价值等于无杠杆企业的价值，即

$$V_U = V_L$$

式中，V_U 为无杠杆企业的价值；V_L 为杠杆企业的价值。

MM 理论命题 II：财务杠杆增大会增加权益的风险，所以财务杠杆会使权益成本增加。无杠杆公司的权益成本与风险报酬之和为杠杆公司的权益成本 K_{EL}，即

$$K_{EL} = K_{EU} + \text{风险报酬} = K_{EU} + (K_{EU} - K_D) \cdot (D/E)$$

式中，D 为企业债务；E 为股东权益；K_D 为企业债务资本成本；K_{EU} 为无杠杆公司的权益成本。

(2) 含公司税的 MM 定理。

无税的 MM 定理在实践中是不适用的，1963 年，Modigliani 和 Miller 对原来的理论进行了修正，引入公司所得税，得出了有公司税的 MM 理论，认为负债会使企业的价值增加，因为负债产生的利息有减税作用。修正后的 MM 理论也提出了两个命题：

命题Ⅰ：公司在交税时可以扣除利息支出，但是不能扣除股利的支出。所以说，财务杠杆越高，公司的税收越少，即

$$V_L = V_U + T_C D$$

式中，T_C 为所得税率；V_U 为无负债企业的价值；V_L 为负债企业的价值，D 为企业债务。从公式中可看出，杠杆公司的价值比非杠杆公司高 $T_C D$。当公司全部采用负债融资时，其市场价值最大。

命题Ⅱ：财务杠杆的增加会使权益的风险增加，进而会增加权益成本。

$$K_{EL} = K_{EU} + (K_{EU} - K_D)(1 - T_C)(D/E)$$

在考虑税收时，杠杆公司的权益成本会随负债融资的增加而增加，因为负债的增加会使公司面临更大的财务风险，但是与无公司税的权益成本相比，有公司税时公式中存在 $1-T_C$，并且 $1-T_C<1$，说明风险减少了，所以负债的增加会降低加权平均资本成本，进而提高公司价值。

2. 权衡理论

20 世纪 70 年代，学者放宽了“MM 理论”除了完全信息以外的基本假设，引入了财务风险来进一步研究资本结构与企业价值之间的关系。财务风险指的是，企业债务都有到期还本付息的压力，如果企业使用过多的负债，就有可能出现不能按时还本付息而违约的风险。

权衡理论就是在衡量债务的税盾作用和债务造成的财务风险的基础上，研究能使企业价值最大化的最优资本结构。该理论认为，企业负债带来的抵税效应和财务风险会随着资产负债率的上升而上升，当债务抵税效应大于财务风险造成的损失时，企业价值随着资产负债率的上升而上升；当债务抵税效应小于财务风险造成的损失时，企业价值随着资产负债率的上升而下降。因此，权衡理论认为，当企业的边际税收收益等于负债的边际成本时，企业存在最优资本结构。

3. 代理成本理论

Jenson 等在 1976 年发表文章《企业理论：管理行为、代理成本与所有权

结构》[118]，该文首次系统地提出代理成本理论，主要阐述了现代企业中普遍存在的股权代理问题和债务代理问题；而企业之所以会产生委托代理问题，其根本原因是企业中“所有权”和“控制权”相互分离。

该理论认为所有者和管理者之间存在基于代理的契约关系，且委托人与代理人都以实现自己利益最大化为目标。基于不同的利益，代理人与委托人的效用是不同的。为了达到自身利益最大化，代理人不会以委托人利益最大化的标准办事；委托人为了维护自身利益，会采取相应的激励或约束措施的机制对委托人进行监督，而实施这些机制均要花费一些成本。

该理论还指出现代企业一般都会存在两种冲突：一种是股权融资的代理成本，即股东和管理者之间的冲突所带来的成本。另一种是债权融资的代理成本，即股东与债权人之间的冲突所带来的成本。

依靠资本市场（例如负债）是解决股权融资代理成本的有效途径。企业债务的存在使管理者手中可自由支配的现金流减少，而当管理者不能按期还本付息时，企业将面临破产的风险。为了避免造成这样的局面，管理者往往会约束自己过度投资的行为。负债的引入可以对管理层进行监督，进而使股权代理成本降低。

企业在借入负债的同时也带来了另外一种代理成本——债权融资的代理成本，即股东与债权人利益冲突而带来的代理成本，在这里股东是委托人，债权人是代理人。债权人将资金借给企业时，为了保护自身利益，往往会在债务合同中加上各种限制条款，然而实际上股东更倾向于将资金投于高收益但同时伴随着高风险的项目。而企业未来的投资机会越多，股东和债权人之间的冲突也就越多。除此之外，当公司负债量增加时，债权人往往会提出更高的利率要求，这也造成了一定的代理成本，而这部分代理成本由股东来承担，所以说公司负债过多的话会导致降低企业价值。[118]

4. 信息不对称理论

信息不对称主要指信息在有一定联系的经济个体之间的分布不对称，即一部分人对于某些事物相关信息的掌握程度高于另一部分人。根据发生时间的先后，信息不对称可分为事前信息不对称和事后信息不对称。逆向选择理论是对事前信息不对称进行研究，道德风险理论是对事后信息不对称进行研究。在信息不对称的情况下，企业不同的融资行为会传递企业不同价值的信号，与债务融资相关的主要信号模型主要是 Ross 模型和后来发展的优序融资理论。

Ross[119] 通过建立“激励信号”模型来分析管理者破产成本与企业资本结构的关系。由于负债，企业需要定期还本付息，一般较好的企业有充足的现金流作为还本付息的保障，其可通过提高负债比例来激励管理者提高管理效率；而较差的企业不具备充足的现金流，且自身进行债务融资具有较大的难度。除此之外，企业对于未来现金流量、投资机会和盈利能力等方面掌握着绝对的信息优势。比起外部投资者，企业更了解自身的经营状况，而由于信息不对称，投资者只能根据企业传递出来的信息来判断企业质量的高低，由此有较高的负债率的企业向外界传递了该企业质量较高的信号，如果企业的负债水平较低，外部投资者则认为企业的未来经营状况及发展情况较差。可见，债务水平可以成为外部投资者衡量企业质量高低的有效工具。随后，Leland 等 在 1977 年进一步完善了该理论，他们不仅认为企业与投资者之间存在信息不对称的现象，且得出了企业的市场价值与杠杆率存在正相关关系。[120]

5. 期限匹配理论

期限匹配理论认为债务期限应与资产期限相匹配。Morris 在 1976 年系统论证了将债务期限与资产期限相匹配，可以减少现金流不足而导致的财务风险。[121]

若债务期限比资产期限短，债务到期时就没有足够的现金；若债务相对于资产有较长期限，则在资产产生的现金流停止后还要继续为未到期债务支付利息。两者匹配会制造一种套期保值效果，从而减少财务风险。1991 年 Mitchell 提出期限匹配还可以减少利率不确定性造成的损失。[122] 拥有短期资产（利率不敏感）的公司选择短期债务来隔离利率风险；相反，拥有长期资产（利率敏感）的公司选择长期债务。

1994年Hart等则认为债务和资产期限匹配可在一定程度上减轻管理者和债权人的利益冲突。[37] 他们认为企业家在获得债权人提供的资金后会在项目进行中途要挟债权人做一些让步，为了防止这种状况出现，债权人必须将投资建立在项目本身产生的未来现金流基础上。意思就是，当项目现金流较快时，提供给企业短期债务，反之，提供长期债务。

相对于代理理论，限期匹配理论不仅从公司的视角选择适合的债务期限结构，也从债权人的角度分析债权人对投入资金风险的控制。所以限期匹配理论能更好地解释公司债务期限结构的形成，而实际上，国内外学者通过各种形式的研究也证明了限期匹配理论在解释债务期限结构上的重要作用。

6. 税收理论

税收假说论证了在税务因素影响下的债务期限结构的选择。公司发放的股利不能免税，但债务利息可以在税前列支，使得债务具备“抵税效应”，使企业价值增值。债务有长短期之分，不同期限的债务抵税效应是不同的。

1985年，Brick等从税收角度研究债务融资。[36] 假定债务期限结构的收益率曲线有一个积极的斜坡，即向上倾斜时，表明相对于滚动举借短期债务，虽然总的利息支出是一样的，但在早期使用长期债务会支付一些利息，加上早期债务违约率小，可获得更大的抵税效应，故发行长期债务是最优的。相反地，利率期限结构的收益率曲线向下时，短期债务是比较有利的。这是盈利能力好的公司要考虑的因素。

1990年，Lewis在Brick和Ravid研究的基础上，在模型中加入了利率的不确定性因素。当远期利率低于未来即期利率时，短期债务最优，但是前提条件是市场中唯一不完美的因素是税收。

然而，在现实情况中，债务期限选择往往是与税收无关的，并且在后来大量的实证研究中也证明了其无关性。

7. 债务治理理论

债务融资的治理作用是指在相关法律和债务合同等赋予债权人权利的前

提下，债权人会采取一定的方式方法维护自身的利益。这些方式通常会对债务人即负债的公司及其经营管理人员产生一定的监督控制和激励约束作用。

一方面，基于企业的负债所占比例不断增大，此时企业所面临的在约定期限内偿还本金并支付利息的压力也会越来越大，企业由于不能履行债务契约从而进行破产清算的可能性也会随之加大，这种情况对于企业的实际管理者的职业生涯和声誉都会产生不良的损害作用。因此为了避免上述事件发生的可能性，债务融资越多，管理者会更努力工作以消除负面侵害，此时债务融资会对企业产生监督激励的正向作用。

另一方面，大股东的绝对持股数量不变时，债务融资的增加会相对提高企业经营管理者的持股比例，提高公司股权集中度，此时对于企业管理人而言，其与企业股东的利益更趋向一致性，即债务融资能够更加显著地降低代理成本进而对负债公司的治理机制产生正向的影响和效应。

8. 债务契约理论

债务契约理论最早由 Watts 等在 1986 年提出，他们认为企业越偏离债务契约条款，越容易为了避免相应的惩罚和损失，将未来的收益调至当前会计期间，即企业进行盈余管理的动机更大。[123]

债务契约理论则是指当企业需要进行一定债务融资时，债权人为了降低风险、能够保证债务人按期足额偿还借款及其利息，会在二者签订的契约中提出限制性的条件，如限制负债公司借款的使用用途，对公司流动比率达到某种水平提出要求，对企业的经营业绩、盈利水平等提出最低标准，之后对债务人的履约情况实行考察，若负债公司未能按照契约规定履行职责，那么债权人一方可能会提前收回资金，甚至停止之后的借款。此时，负债公司面临巨大的还款和违约压力，就存在强烈的动机来改善企业的经营状况和盈利水平。

9. 企业声誉理论

从企业整体管理来看，企业声誉理论是指企业在制定整体发展战略时应综合考虑政府的要求、企业产品的质量、股东和债权人的利益以及公益性事业等因素，树立良好的企业声誉形象。例如海尔集团的“砸冰箱事件”就体现了强化产品质量的决心，从而建立了良好的企业声誉。

企业承担了相应的社会责任，就具备了良好的声誉，可以换来利益相关者的支持，尤其是政府和金融机构的扶持，从而降低了企业的贷款成本，这种影响机制主要体现在以下几点：

（1）企业伦理道德是企业文化的重要部分，规范着企业的每一项经济活动，对于违反企业伦理道德的行为及时做出处罚，能够降低企业的管理成本，为企业带来良好的声誉效应，从而吸引更多的投资者、债权人和合作伙伴，为企业带来一定的声誉资本，有利于企业的长远发展。

（2）企业承担环保责任、生产环保产品有利于形成良好声誉。如果企业按照绿色发展理念进行经营，主动改善设备，减少资源浪费和污染物的排放，就可以获得公众的好评，提升企业的股价，为银行贷款提供便利。在绿色环保理念的指引下，企业对于产品的质量也会特别重视。因此在产品质量参差不齐的今天，企业如果能提供低污染、低耗能的绿色健康产品，就会赢得大量的顾客，扩大市场占有率，提高企业的竞争力和知名度，从而为企业带来声誉资本。

（3）企业进行公益性捐赠有利于提高知名度，产生声誉资本。虽然短期来看，企业付出了一定的代价，影响了当期的现金流，但是长远来看，企业为社会捐赠会赢得社会各界的好评，使得企业的社会关系融洽，进而提高了企业声誉。

（4）企业的目标是利润最大化，但是在追逐利润的过程中企业不是孤立存在的，企业一切活动需要遵从合同约定，从不违约，守信用，没有负面新闻的干扰，就会赢得各个合作伙伴的信任，提升企业威望。同时企业也需要雇佣工人进行生产，如果企业能够在薪酬、股权方面适当地激励职工，激发他们的创造力，形成良好的工作氛围，也会提升企业的声誉。同时如果企业向股东分红、实施股权激励也会获得股东的继续支持，收获较高的声誉。

综上所述，企业制定企业文化约束自己的行为，承担对员工、股东和合作伙伴的经济责任，保护环境的责任，公益性捐赠的责任，会减少来自政府的一些不必要的管制，为社会解决就业问题、环保问题做出贡献，享有较高的声誉度，从而更容易获得政府的降息减税优惠、政府补贴等一系列的政策扶持，进而降低企业的债务融资成本。

3.1.3 债务融资来源结构相关理论分析

相对于以上债务融资相关理论分析，对企业的债务融资理论发展都有一定的铺垫基础作用，与本课题关联较多的债务融资来源结构相关基础理论如下。

1. 金融成长周期理论

一个企业的成长和壮大同生命体一样，都要经历多个发展阶段，并且都会呈现以下特征，而不同的发展阶段会有不同的融资来源形态。

（1）非线性。一个企业成长路径总是呈现非线性的特征，这意味着一段期间内企业的增长可能是爆发式的，而一段期间内可能突然出现衰败，甚至是彻底的失败，房地产企业的蝴蝶效应“爆雷”突发刚好说明如此。

（2）模糊性。企业从初生到结束都会经历几个阶段，但每个阶段的划分标准是模糊的，因为很多工作的交叉性，导致没有确切的分界线，只能根据每个企业在发展过程中所呈现出的特征进行大致的划分。

（3）差异性。不同的发展阶段的特征是不同的，即使这样，各个阶段的特征也不能进行一个统一的规定。因此，不同企业在同一发展阶段所呈现出的特点也是千差万别的。

基于以上企业发展阶段的特征，Weston Brigham 在 20 世纪 70 年代系统地提出了企业金融成长周期理论。他起初将企业金融生命周期划分初创阶段、成熟阶段及衰退阶段三个阶段，后来又对该理论进行了扩展，分六个阶段，即初创阶段、成长阶段Ⅰ、成长阶段Ⅱ、成长阶段Ⅲ、成熟阶段以及衰退阶段。该理论认为企业资本结构、销售额以及利润率是影响企业融资来源结构的主要因素。

在公司初创阶段，企业资产规模较小，风险很大，且没有完善的业务记录和财务审计，企业与外界存在严重的不确定性，导致企业很难从外界获得资金，企业不得不依赖自身积累的资金进行规模的扩张，此时资本化程度较低。

进入成长阶段Ⅰ，企业初步进入快速成长期，伴随着企业快速成长，企业用于抵押的资产逐步增加，企业的融资方式开始多元化，例如自有资金、留存利润、银行短期借款以及融资租赁等。

到了成长阶段Ⅱ，企业的透明度有所提高。企业可以更多地依赖外部融资，这成了成长阶段Ⅱ的资金来源，还有来自金融机构的长期借款，但由于发展速度较快，企业仍然存在资金缺口。

随着企业的不断发展，企业进入成长阶段Ⅲ。由于资金需求较大，且企业开始建立健全会计记录，规范企业管理，信息不对称程度逐步降低，因此企业开始从资本市场上进行融资，股权融资金额较债券融资来说风险更低，但也存在一定控制权分散的问题。

企业经过快速发展阶段，进入成熟阶段，该阶段的企业规模较大，业务记录和财务制度也逐步趋于完善，随着自身能力的不断增加，部分优秀的企业达到股票发行的条件，进而借助资本市场的力量进行股权融资，同时也使得资产负债率大大降低，不但获得了大量的资金，而且降低了企业的财务风险。成熟期的企业如果不能有效地保持市场地位，怠于经营，必然会逐步进入衰退期，此时金融资源陆续退出，企业可能面临被并购、股票回购以及清盘，投资回报率大大下降。

该理论表明企业在不同的成长阶段，随着企业的不断发展以及内部的不断健全，企业的融资渠道和方式也在不断地发生变化，企业在发展的过程中，应该针对不同的成长阶段选择不同的债务融资来源结构的组合。

2. 优序融资理论

20世纪80年代，Myers等第一次提出融资优序理论 (pecking order theory)，该理论从信息融通的角度出发，强调由于企业的内部人员尤其是高层管理人员能够在第一时间掌握企业的最新资讯，而作为企业外部人员由于本身所固有的劣势地位导致其在信息获取中所得信息在“量”和“质”上都与内部人员存在天壤之别。[124]

Myers 认为企业在为新项目融资的时候是有顺序的。一般会首先考虑企业内部盈余，也就是留存收益，其次更倾向于债权融资，而股权融资则是最后的选择，即融资的先后顺序如下：内源融资、债权融资、股权融资。企业的各种融资方式向投资者传递的信息是不同的，而且其约束条件也存在差异。企业在进行融资时往往考虑融资方式的成本，自有资金的成本往往是最低的，因此企业会优先考虑利用前期的利润积累。另外，对于一个项目，投资者获得的信息是有限的，不能完全了解项目，而企业对于项目目前情况以及未来发展情况有比较深入的了解，在这种情况下，如果使用债权融资，往往给外界传达企业对于项目看好的信号，因为企业在看好项目的时候，也就是项目净现值大于 0 的时候，往往为了不分散股权而更倾向于使用债权融资。而当企业采用股权融资，使得外部投资者认为项目并没有企业所宣称的那么好，因此股权融资一般被看成次优的融资选择。由此可知，优序融资衍生的合理的融资结构可以向投资者传递积极的信号，企业管理者可以有效地利用该信号传递机制，进而影响投资者的决策。

在此种情况下，必然导致企业外部投资人对公司资产价值不能做出精准判断，导致新入股的投资人会获得比新项目更多的净现值收益，从而直接影响企业实际控制人即股东的权益。在此种困境中，由于股东无利可图，即使该项目的净现值大于 0，也会被投资者所摒弃。反而言之，如果公司在为新项目筹集资金的过程中，采用有价证券作为投资渠道，而这种有价证券又能够体现出市场价值的准确性和企业本身的价值所在，那么投资不充分的困难便可迎刃而解。例如，企业内部的融资便不会引发价值低估等问题，基于此种融资顺序就可以达到公司内部融资比股票融资更为良好的态势。

Myers 用“四步走”来准确描述企业如何实现合理、有序、最优的融资结果。第一，内部融资以其固有的低风险和低成本等显著性特点，比外部融资更容易获得企业决策者的青睐，而且在公司内部开展此类活动可以避免公司价值的减少或降低，从而保护股东的合法权益；第二，当企业充分发挥内部融资功能和效用时，仍不能满足公司的融资需要的情况下，则公司必须通过负债方式筹集更多资金，并用负债所收集的资本支付其他相关费用，此种方式易于向投资者展现企业经营战略中激进的经营理念，从而使企业价值获得一定程度的提升；第三，当外部发行已经渐趋饱和时，公司又可通过发行可转债等新路径实现资本积累；第四，发行普通股为公司筹集资金实现新项目融资的最后“王牌”，因为在传统意识形态中，股权融资的刻板印象容易给投资者和外部利益相关者传递公司发展前景差和保守经营的负面影响，从而使企业的市场价值一落千丈。因而，在融资顺序理论的指导下，公司必须严格按照上述顺序即内部融资、债务性融资和权益性融资这个流程进行资金积累，并在融资来源过程中合理安排资本结构，以真正达到公司整体效益的最优化状态。

3. 激励理论

作为代理成本理论的拓展和深化，激励理论主要是针对企业融资结构与其经理者的行为间关系进行研究。该理论认为，基于企业的融资结构，如比较其激励作用的大小，则企业进行债权融资所产生的激励作用显然更大。作为一种担保性机制，企业债务可以推动其经营管理者更加努力地投入工作，从而做出更多科学、合理的选择，以减少企业经营活动中不可避免的矛盾而形成的代理成本。该理论的研究进一步说明，为了避免企业经营方面出现风险，发行债券并不是一个科学的选择，因为选择此方式，企业因财务风险引发的关停倒闭风险概率会增大，然而企业的经营管理者在谋求企业收益不断上升时，会缺乏强烈的动力，由此将导致不利企业的一些负面评判，造成其资金成本的上涨。企业如果通过举债行为融资，企业的经营管理者着眼维护和提升自己的利益，就会大力推动企业利润实现最大化，由此将带动市场对企业评价走高，企业的市场价值就会进一步增大，并有效吸引更多的资金流入。激励理论表明，由于企业的债务和股票对其经营管理者所产生的激励作用是不同的，理应鼓励企业举债，促使企业的经营管理者立足实际、积极工作，力避企业因债务增加导致形成破产的风险；相对于企业举债，股票融资在推动企业经营管理者提高工作效率方面缺乏动力，难以形成有效的激励作用，因此企业融资时会充分结合激励作用、会更多地考虑债务来源结构的不同激励程度。

3.2 债务融资来源结构效率及其影响因素分析

3.2.1 债务融资结构效率分析

债务融资效率涉及的评价相关概念、指标非常丰富，如经济增加值、托宾 Q 值等。学者们通过分析影响债务融资的各种因素，透彻地分析了债务融资的本质。

1. 债务融资效率及其影响因素

(1) 债务融资效率的内涵。

一般认为，融资是一种资金运动的过程，而效率是一种动态的、或定性或定量的评价，将融资与效率联系在一起时，构成了学术界特有的一个概念，即融资效率。根据融资与效率的一般含义可知，企业债务融资效率是指企业通过比较各种债务融资方式在融资过程中产生的一系列影响企业效用的因素程度差异，以此作为标准选择最适合企业的债务融资方式满足企业经营所需的资金，并有效利用所融通的资金，使企业的融资活动达到帕累托最优状态。由此可见，债务融资效率不仅包括筹资过程中的效率，还包括资金利用过程中的效率。只有综合研究这两类效率，才能全面把握债务融资效率的整体内涵。

债务融资效率是我国 20 世纪兴起的一个概念，用于反映企业的融资能力，采用的指标主要是经济增加值或托宾 Q 值，但经济增加值仅从单一的企业资产增加价值方面反映利用资金的能力，托宾 Q 值只能反映企业资产的重置成本。而融资效率不仅仅能通过资金的融入和资金的利用两个资金双向运动过程来整体评估企业融资能力的大小，还能在此基础上比较各种融资方式对企业经营发展的影响，选择最适合企业的融资方式，使企业融资更具效率。鉴于融资效率是一个我国学术界所独有的概念，用于综合反映企业融资能力的强弱，所以在其内涵形成过程中应该具备一些特征。

①债务融资效率应该反映企业取得资金过程中能否将各种成本降到最低。企业如何选择合理的债务融资方式和债务融资工具，如何通过各种债务融资渠道获得有足够占用时间的资金，也应反映在债务融资效率中。在现代金融市场中，不同闲置资金的供求取决于融资方式和融资工具的差异化选择，融资方式和融资工具的选择受到市场供求条件的约束，故企业要获得融通所需资金的成本即资金供给方提供资本的最低收益也是由市场决定的，企业只能根据其融资的风险和机会成本来给予一定的价值占用补偿。因此，企业要提高债务融资效率，需要考虑市场条件的约束，选择合适的债务融资方式和债务融资工具，而且融资过程中的实际效率提高也要考虑市场的契合度。

②债务融资效率应该反映企业如何合理运用资金以求收益最大化。企业筹集到需要的资金反映的只是债务融资效率的一部分，企业如何将筹集的资金用于生产经营并取得最大化的收益也是融资效率的重要部分。但是，区别于生产效率，企业资金利用效率考虑的重点是企业如何通过新增资金来增加企业的资产价值，用以弥补融资过程中付出的成本，并获得比其他融资方式更多的收益。如果其融通资金获得的收益不足以弥补融资的成本，那么企业融资效率无疑就是低下的。因此，资金的收益增值特性也应包含在融资效率的内涵中。

③债务融资效率应该是一种动态、整体的概念。企业融资效率考察的是一段时间内的企业融资状况的概念，不仅包括资金流入企业的过程，还包括资金流出的过程，是从企业整体经营的角度进行衡量与评价的。在债务融资效率评价的过程中，企业融资是否有效率需要通过一定的参照标准才能判断，另外融资制度的变动也会影响融资效率的演进趋势。

(2) 债务融资效率影响因素。

经过分析可知，影响企业债务融资效率的主要因素有债务融资风险、企业生命周期和行业相关度等。

①债务融资风险。债务融资风险通常指企业因债务资本比率变化所引起的财务风险和企业自身清偿风险。企业采用债务融资方式时，必须在债务到期时偿还债权人的所有本金及利息，如果因企业自身财务状况而无法清偿，企业

将面临信用丧失、资金链断裂等风险。正是这一风险的存在，往往成为银行拒绝为企业提供信贷融资的主要原因，也是企业拿不到其他渠道债务融资来源的关键因素之一。

②企业生命周期。企业生命周期具体是指企业发展与成长的动态轨迹，其中包括发展、成长、成熟、衰退等几个阶段。企业融资效率的高低，与其所处的生命周期有着直接关系。选择与其所处的生命周期阶段特点相适应的融资方式有助于提高融资效率。在发展期，企业的规模小，风险高，其融资效率也就低；进入成长期后，企业的规模不断扩大，风险也相应地减小，其融资效率明显提高；到成熟时期，企业的盈利能力大幅提高，市场竞争力强劲，拥有稳定的资金链，其融资效率也得到最大限度的发挥；然而进入衰退时期后，企业经营风险会因负债的增多而增大，融资所得资金收益明显减少，融资效率大幅降低。

③行业相关度。行业相关度是从宏观角度考虑融资企业之间的关系而提出的一个因素。若融资中的融资企业属于同一行业，它们将受到共同的宏观因素的作用，例如政策因素、行业周期因素、宏观环境因素等，这时其融资效率所受到宏观政策的影响也会比较一致。当受到有利因素影响时，便会获得较大的超额收益。但是，当融资企业属于不同的行业时，它们受行业因素的影响程度就会比较小，有时还会有互补现象。即当债务融资中的一些融资企业受到所在行业不利影响时，其他融资企业所处的行业没有受到影响，甚至还可能受到有利因素的影响。

总而言之，债务融资风险、企业生命周期以及行业相关度是影响债务融资效率的主要因素。其中，债务融资风险是由于企业清偿以及因举债而带来的财务困境风险，企业生命周期是通过企业当前的生产能力及盈利情况影响企业的融资效率，行业相关度则是企业债务融资时会受到融资渠道相关行业的具体影响。

2. 房地产公司债务融资效率评价指标体系的建立

(1) 债务融资结构评价指标选取原则。

要想保证评估房地产企业债务融资效率的有效性，必须按照相应的评价原则，选择一些较适合房地产行业的债务融资效率评价指标。根据以下几个原则选择房地产公司债务融资效率的评价指标。

①科学性。科学性是指标的选择必须与评价内容相一致，才能保证评价结果的客观性和真实性。融资效率指标评价体系的建立必须以科学性为依据，它可以科学地反映房地产企业的债务融资效率和公司价值，以及各种组成因素对房地产企业的影响。要重点挑选出那些关键的指标，用精准的指标对房地产企业债务融资效率的现状进行反馈。

②全面性。债务融资效率评价指标体系要全面地考虑到重要的目标和信息。不但要对影响房地产企业债务融资效率的各种因素进行分析，还要多方面地对企业的融资效率进行评价，并且考虑到这些指标间的系统性和关联性，从而使指标体系能够适用于房地产企业，能对其债务融资效率进行整体评价。

③客观性。债务融资效率评价指标在对房地产企业的现状反馈上要具有客观性和真实性，反映出在评价中的具体影响因素。在选择房地产企业指标时，要根据房地产业所具有的特征，所得到的结论要基于客观数据。

④可操作性。可操作性指的是在收集相关数据和建立指标体系时所具有的可操作性，前提条件是选定的指标可以准确地对房地产企业债务融资效率进行反馈，这些指标获取较简单，可以量化评估。要想更有效地进行评价，所选的指标必须要有可操作性，否则即使再符合科学性、合理性、系统性的评价指标体系也无法进行操作。

⑤可比性。可比性是指可以从横向和纵向多个角度对指标进行比较。要尽可能消除意外事件或异常事件，这些因素会对指标造成影响。如果在实际评价中不能消除这些影响，那就要调整指标权数，从而把对结果的影响降到最小。房地产企业债务融资效率的评价指标要从多个角度对企业的债务融资现状进行反馈。

(2) 投入产出及外部环境指标的选取。

本书在投入产出的选取方面借鉴了其他学者的这方面研究的相关指标的选取。根据以上指标选取原则，同时参考学者们使用 DEA 方法测度债务融资效率时所采用的投入产出指标，对比较有代表性的成果进行归纳汇总。

根据上文指标选取原则，选取的投入指标为资产负债率、财务费用、员工总数、固定资产总计、机构持股比例合计、营业费用、总资产的对数、长短期债务比率、产权比率；选取的产出指标为托宾 Q 值、投入资本回报率、总资产净利润率、流动比率、每股收益、净资产收益率、利息保障倍数、息税前利润、营业收入。

(3) 投入指标含义及计算方法。

①资产负债率。资产负债率是债权人在企业所有的资产当中所占有的比例。其计算公式为：

$$资产负债率 = 负债总额 / 资产总额$$

在资产负债率过高的时候，可以把企业自己的资产拿出少部分来投资生产经营，扩大公司经营规模，如果企业的经营状况良好，可以更好地运用财务杠杆，不断提升企业利润，但是这样会使企业对债权人没有提供足够的保障。相反地，如果企业资产负债率低，则意味着企业对债权人有足够的保障，但是不利用好负债就不能更好地扩大企业的规模，对企业后期的发展不利。

②财务费用。财务费用主要是企业为正常经营筹集资金所产生的成本，主要有利息费用、汇兑损失和其他有关的手续费等。财务费用也是债务融资时投入资金的一部分。

③员工总数。员工总数是指与企业建立劳务关系的职工人数和企业接受的劳务派遣用工人数之和。

④固定资产总计。固定资产总计是指使用期限超过一年，单位价值在规定标准以上，并且在使用过程中保持原有物质形态的资产合计。

⑤机构持股比例合计。机构持股比例合计是指公募基金、保险资金、社保基金、QFII (合格境外机构投资者)、私募基金、券商资金等买入股票占股票总

数的比例合计。一般人都会认为，机构投资者在识别好的企业方面要比普通投资者更有优势。因此，这些企业不仅实力可以得到社会的高度认可，还使其还款更加有保证。机构投资者和银行之间的长期关系更有利于解决企业债务融资问题。

⑥营业费用。营业费用是指企业在销售商品的过程中发生的费用，包括运输费、装卸费、包装费、保险费、展览费、广告费，以及为销售本企业商品而专设的销售机构的职工工资及福利费、类似工资性质的费用、业务费等经营费用。企业筹到资金后，在生产经营过程中，费用支出是不可避免的。因此，要结合具体的营业费用，分析出企业具体有多大的成本消耗，可以更全面地评价企业融资效率。

⑦总资产的对数。总资产是指经济实体拥有或控制的所有资产，能够带来经济利益并能反映企业的资产状况和规模，可以充分地体现出企业在债务融资方面的能力。为了在进行计算的时候更加方便，在研究中通常选用对数来进行计算。这项指标可以从整体上对房地产企业融资现状进行反映，也是资金经营的基础。

⑧长短期债务比率。长短期债务比率是指企业长期债务和短期债务之间构成的比例关系，它影响债务融资管理和企业财务安全的有效性。其计算公式为：

$$长短期债务比率 = 长期债务 / 短期债务$$

⑨产权比率。产权比率是负债总额与所有者权益总额的比率。产权比率可以反映股东持股状况，比率是否过高或不足，从另一个角度反映企业借款来进行经营的程度。这个比率可以反映出企业是否有能力长期偿债。产权比率越低，这说明企业运营资本主要来自自有资本，对长期偿债更有保障。其计算公式为：

$$产权比率 =(负债总额 / 股东权益)\times 100\%$$

(4) 产出指标含义及计算方法。

①托宾 Q 值。托宾 Q 值被定义为一项资产的市场价值与其重置价值之比，它可以用来衡量一项资产的市场价值是否被高估或低估，可以衡量企业的成长

能力。其计算公式为

托宾 Q 值 = 企业市价 (股价)/ 企业的重置成本 (净资产)

②投入资本回报率。投入资本回报率是指投出或使用资金与相关回报的比率，它用于衡量投入资金的使用效果。投入资本回报率是用来评估一个企业或其事业部门历史绩效的指标。对于企业的评估这也是一个非常重要的指标，对企业的最终价值具有决定意义。其计算公式为：

投入资本回报率 = 息前税后经营利润 / 投入资本

③总资产净利润率。总资产净利润率是企业净利润总额与企业资产平均总额的比率，它能准确反映出企业资产综合利用的效果，可以更好地对企业利用债权人和所有者权益总额获得的利润进行衡量。公式如下：

总资产净利润率 = 净利润 / 平均总资产

④流动比率。流动比率是指流动资产总额和流动负债总额之比，它被用来衡量企业的流动资金能否在短期债务到期前变成现金来偿还企业的债务。一般而言，比率越高，企业流动资金就更容易变为现金，可以及时地偿还短期债务，反之亦然。一般来说，流动资金比企业的贷款要高一半，即便一半的流动资金在短期内无法变成现金，也能确保偿还所有企业负债。其计算公式为：

流动比率 = 流动资产合计 / 流动负债合计 ×100%

⑤每股收益。每股收益是指股东的每一股能具体获得企业的净利润的多少以及企业的净亏损需要承担多少。每股收益可以体现出企业的经营业绩，该指标数值越大，表明企业获利能力越强，是衡量企业盈利能力的主要体现。

⑥净资产收益率。净资产收益率是净利润与平均股东权益的百分比，这项指标可以体现股东利益的回报水平，用于权衡企业使用内部资金的效果。指数越大，表明投资回报率越大。该指标体现了自有资本获得净收益的能力。

⑦利息保障倍数。利息保障倍数是指企业生产经营所获得的息税前利润与利息费用的比率，它用来衡量企业偿付借款利息的能力。企业生产经营所得到的税前利润比利息费用越多，表明企业有越强的能力来支付利息费用。

⑧息税前利润。息税前利润是指不支付利息和所得税之前的利润，它在

一定水平上体现了企业债务融资使用效率。

⑨营业收入。营业收入是从事主营业务所取得的收入，它可以反映企业的总体的盈利能力和增长情况，用来体现企业对债务融资的配置效率。

(5) 外部环境指标的选取。

外部环境指标是指影响房地产企业融资效率，却不在房地产企业控制管理范围之内的因素。由于受到客观条件的限制，不能将所有影响因素考虑进来，在参考了相关文献之后，本书从政府支持力度和市场环境两方面选取了以下两个外部环境指标。

①全社会固定资产投资额。全社会固定资产投资额是以货币形式表现的建造和购置固定资产活动的工作量。房地产企业的发展与政府的政策息息相关，这从政府出台一系列调控房价措施对房地产业产生的影响就可以看出，全社会固定资产投资额可以反映政府对房地产业的支持力度。

②房地产企业个数。房地产企业个数是指从事房地产开发、经营、管理和服务活动，并以营利为目的进行自主经营、独立核算的经济组织的个数。考虑到市场环境是指房地产业所处的行业环境，而房地产企业个数可以反映房地产业市场的规模状况，折射出市场竞争状态，适度的竞争能够促进资源的有效利用，促进效率的提高，进而实现规模经济，因此用房地产企业个数代表市场环境。

3. 效率评价方法

随着评价技术的发展，房地产企业融资效率评价先后出现许多方法，主要有层次分析法、数据包络分析法和模糊综合评价法等。

(1) 层次分析法。层次分析法（analytic hierarchy process，AHP）是将决策总是有关的元素分解成目标、准则、方案等层次，在此基础之上进行定性和定量分析的决策方法。它是指将一个复杂的多目标决策问题作为一个系统，将目标分解为多个目标或准则，进而分解为多指标的若干层次，通过定性指标模糊量化的方法算出层次单排序和总排序，以作为多目标（多指标）、多方案优化决策的系统方法。层次分析法的特点是在对复杂的决策问题的本质、影响因素及其内在关系等进行深入分析的基础上，利用较少的定量信息使决策的思维过程数学化，从而为多目标、多准则或无结构特性的复杂决策问题提供简便的决策方法，尤其适合于对决策结果难以直接准确计量的场合。

（2）数据包络分析法。数据包络分析（data envelopment analysis，DEA），是 一种多投入及产出的评价方法。它把单输入、单输出的工程效率概念推广到多输入、多输出同类决策单元（decision making unit，DMU）的有效性评价中，极大地丰富了微观经济中的生产函数理论及其应用技术，同时在避免主观因素、简化算法、减少误差等方面有着不可低估的优越性。从经济学中的生产有效性分析角度看，该模型是用来评价具有多输入特别是多输出的决策单元同时为“技术有效”和“规模有效”的十分理想且卓有成效的模型和方法。DEA 从最有利于决策单元的角度进行评价，注重对每一个决策单元的优化，能够指出有关指标的调整方向。

（3）模糊综合评价法。模糊综合评价法（fuzzy comprehensive evaluation method，FCE），是以模糊数学为基础的评价方法，该方法利用模糊数学中的隶属度理论，将不能量化的定性评价转化为可以进行量化的定量评价。运用该方法进行评价，所得到是对某个对象的总体的评价，适用于解决那些非确定性的、难以量化的问题，具有系统性强、结果清晰等优点。该方法能有效分析具体状况，从最有利于决策单元的角度进行评价。

企业债务融资效率的衡量分法总体上可以分为两大类：一类是通过对影响债务融资效率的因素进行分析，即通过对企业债务融资环境的评价，确定企业能够达到的效率水平，这种方法主要用于评价融资方式的选择；另一类是针对企业债务融资行为的财务指标进行评价，根据融资效率的概念和分析框架，使用计算指标进行比较。

本书后续研究中采用可拓物元评价法和已研究过的熵值法进行评价，能更有效地对融资效率进行评价，具有科学性及可行性。

3.2.2 债务融资来源结构影响因素分析

深入分析债务融资结构影响因素能对企业债务融资提供有利的参考，需从宏观、微观方向分析影响因素。

1. 微观因素

(1) 融资成本影响。

股权融资的成本包括股利、股票发行费用等；债券融资的成本包括利息、手续费、汇兑损益等。

①各类资本成本率的高低各不相同且不固定，但它们的成本水平却存在一种规律性差异，即：普通股成本最高，优先股成本次之，长期负债的成本最低。在资本市场充分发达的情况下，这些不同类别资本的成本又呈现出一种相对稳定的状态。

②债务融资具有抵税好处，只有当债务融资超过一定点时破产成本和代理成本增加才会抵消企业节税利益，因此企业应保持一定债务比例。由于我国企业流通股股东不坚持自己的投资权益，只是一味追逐股票差价而忽视股息回报，造成我国企业流通股份资本成本偏低，股权融资成本中支付股利这块比重小(国家股、法人股的资本成本本来就较低)，无法对企业管理层进行有效约束。

(2) 对财务杠杆效应的考虑。

在其他条件不变时，负债比率越高，财务杠杆的作用就越大。评价是否获得财务杠杆收益，就是要看是否提高了自有资金收益率。

企业进行财务杠杆决策的时候分两种情况讨论。

第一种情况是当借入资金等于0时，自有资金收益率等于全部资金利润率，无财务杠杆作用。

第二种情况是借入资金大于0时，需要将全部资金利润率与借入资金利息率相比较。首先当全部资金利润率大于借入资金利息率时，通过负债融资所创造的息税前利润在支付利息费用之后还有剩余，这个余额可以并到自有资金收益中去，从而提高自有资金收益率，这表明企业获得了财务杠杆收益；此时财务杠杆率越大，企业自有资金收益率越高，每股收益越大。其次当全部资金利润率小于借入资金利息率时，通过负债融资所创造的息税前利润还不足以支付利息费用，就需要从自有资金所创造的利润中拿出一部分予以补偿，此时投资者收益就会下降，企业的净资产收益率会低于全部资金利润率，且财务杠杆率越高，自有资金收益率越低，每股收益越低。

通过以上分析我们可以得出结论：在考虑财务杠杆作用时，也需要结合经营杠杆系数进行分析。即考虑经营杠杆中固定经营成本的比重和经营风险的大小，二者的相互关系可用总杠杆系数表示。

总杠杆系数是表示每股收益（EPS）变化对销售变化的反应程度。

总杠杆系数＝经营杠杆系数 × 财务杠杆系数

当企业同时存在财务杠杆和经营杠杆作用时，在销售量发生变动后，会引起每股收益以更大的幅度变动。通常，在两种杠杆的组合下，不能将高经营杠杆与较高的财务杠杆组合在一起，以避免企业总体风险的加大，从而将企业总体风险控制在一个适当水平。为了达到某一总杠杆系数，经营杠杆和财务杠杆有多种不同组合。比如，经营杠杆度较高的公司可以在较低程度上使用财务杠杆，降低资本结构中的负债比率；经营杠杆度较低的公司可以在较高程度上使用财务杠杆，提高债务融资比率等等。

2. 宏观因素

在成熟的证券市场中，如果股东对企业的经营业绩不满意纷纷抛售股票，将引起股票的下跌，导致企业有被摘牌或被公开收购的危险，即所谓“用脚投票”。因为投资股权比投资债权的风险要大，因而投资者要求的收益也相对较高。而这一约束是建立在企业原有股东坚持自己的价值投资收益（现金分红权利）和资本市场具备有效的退市机制的基础之上的。

我国资本市场发展还不成熟，以上情况目前在我国还不具备，所以我国资本市场的特有缺陷是资本成本逆排序、融资效率低下，这使得我国企业缺乏西方成熟资本市场上的股东回报约束，从而可以在股东权益不断稀释的情况下肆无忌惮地增资扩股。

股权融资和债权融资是证券市场的“两条腿”。如果债券市场的发展严重滞后，进入门槛高，企业债券融资的难度就会提高，这就迫使一些没有达到融资准入标准的企业由于客观约束只能选择其他融资方式，而不能从企业自身的融资需求和融资目标等方面考虑资本结构的构成。

权益资本主要从股票市场获得，债务资本的主要来源为债券市场和银行贷款，但由于我国资本市场内部形成了股票市场发达而债券市场发展缓慢导致企业只能通过银行贷款来获得债务资本，从而造成了企业的债务资本过度依赖银行，降低了金融市场的效率，增加了金融风险。

3. 影响因素作用下房地产企业债务融资来源结构的特点

一般来说，股东或其他企业所有者对自己的企业借出贷款时，通常被建议拥有对任何所有企业借款的担保，房地产企业刚好有此特点，在拥有房地产担保的情况下，借出贷款的股东或所有者一般有权要求在倒闭或破产时获得优先于非担保出借人的权利。因此在融资影响因素作用下融资来源结构呈现出不同的特点。

（1）向非传统融资方式转变。除了传统的向企业 / 商业借方进行借贷的方式，银行和其他金融机构也提供非传统方式的借贷，包括房地产衍生或其他的金融产品或服务，帮助借方避免货币、利息率或其他市场因素可能带来的风险。这种趋势已经发展为更多样化的融资“混合”形式，将债务和房地产产权相结合，如可通过使用可转换的房地产债务工具或担保。

（2）参与负债转换的融资。使用债务证券，贷方的投资回报取决于企业的成功经营，贷方会被说服，对一项贷款预测更严重的风险或接受具有较低保证的收益率。除了贷款利息，当企业收益超出某一水平时，贷方还将分享企业的收益。或者，在适当的情况下，贷方可能被授权，将债务证券转换为企业股份，在此影响下，使新融资来源渠道的实现成为可能。

因此，在对债务融资过程中，房地产企业要进行来源结构优化，充分利用影响因素和房地产自身特点，裂变新渠道并拓宽旧渠道。

3.3 房地产中小企业债务融资来源结构内涵及影响分析

3.3.1 房地产行业融资基本概况

1. 房地产行业概况

在现代经济社会中，房地产业横跨生产、流通、消费三大领域，在增加财政收入、创造就业机会、改善居住条件、提高城市居民居住条件、带动相关产业和促进经济发展等诸多方面有着十分重要的作用，在国民经济中的地位十分突出。同时，房地产业既是国民经济的基础性和先导性产业，也是支柱性产业。目前，我国房地产业已经成为国民经济中一个重要的新兴产业，对促进相关产业的发展、拉动经济增长做出了重要贡献，在国民经济发展中发挥了巨大的作用。

1978 年我国开启改革开放进程后，国家开始逐渐以经济建设为中心，并着手从各方面进行经济体制的改革，由此我国房地产业迎来了初步发展阶段。自 1988 年我国住房制度改革以来，此后 10 年中，房地产业对我国的经济增长贡献卓越。在消费、投资和出口贸易这三大经济增长的动力中，投资和出口构成了我国经济增长的核心，其中房地产业是投资中的重要力量。2003 年，国务院颁布《关于促进房地产市场持续健康发展的通知》，在此后的几年中，我国房地产市场体系进一步完善，土地交易活跃，房屋租赁市场开始成形，相关金融服务规模亦快速扩大。到 2007 年，房地产开发占国内生产总值的比值已达到 9%。随后国家开始在土地、金融、财政等方面出台政策，对房地产的发展进行进一步的调控，促进其健康发展。由此可见，房地产行业的快速发展也推动了国民经济的发展。

尽管 2008 年美国金融危机爆发后，对国内经济产生了冲击，一段时间内国内经济出现较为明显的增长放缓，国内房地产市场也随之出现低迷情况。此后政府为快速激活经济推出四万亿投资的刺激方案和措施，同时对房地产市场推出多项优惠政策。在多重措施的作用下，国内房地产市场逐渐企稳，并在 2009 年开启新一轮的发展，各地房价也开始逐渐企稳回升。在此之后，国家进一步完善土地制度和住房政策，同时更加注重宏观调控政策对于房地产市场的影响，各地房地产调控政策整体上更加趋于严格。

2019 年以来，受新冠肺炎疫情的影响，对房地产行业短期形成一定的冲击，此时房地产行业已进入到成熟稳定的存量时代，买房需求增长放缓。受疫情影响，房地产停工停售，2020 年前 5 个月全国房地产开发投资增速负增长。随着疫情好转，房地产投资增速正不断回暖，2020 年全国房地产开发投资 141 442.95 亿元，同比增长 7.0%,

同时，随着房地产市场逐步形成、完善和成熟，当前的房地产行业已经发展成为包含土地、建筑、交易、金融服务的多链条、多部门的重要产业。

房地产行业作为一个特殊的行业，具有一系列特殊的性质。

（1）基础性。房地产业是国民经济的重要基础性产业，其基础性体现在房地产业是社会一切部门不可缺少的物质条件。一方面房地产业发展的规模、水平、速度，都将直接决定并影响着其他行业的规模、结构、发展水平和速度；另一方面各行业也必然要拥有一定数量的房地产，并作为产业部门固定资产的重要组成，直接参与价值生产和价值实现的经济过程。

（2）关联性。房地产业具有很强的前向关联、后向关联和侧向关联作用。房地产业的发展最直接影响的是建筑业。房地产企业与建筑业在房地产开发过程中是甲方和乙方的关系，房地产业的发展必然带来建筑业的发展与壮大，这两个行业有着唇齿相依、相互制约的关系；房地产业还直接影响建材工业、建筑设备、化工、仪表、家电等很多行业的发展。另外，房地产业的发展也能促使一些新行业的产生，如物业管理、房地产评估、房地产中介、房地产咨询、房地产法律等。房地产的关联性，使房地产也对国民经济的贡献率很高，从经济来说，一个行业占了 GDP 的 5% 以上，就是支柱行业，那我国房地产占据多少呢？据国家统计局统计，2020 年我国房地产对 GDP 贡献率 7.34%，房地产 + 建筑业合计贡献 14.5%，可见，房地产行业对国民经济的贡献。从支撑我国经济增长的数字分析来看，房地产业也确实在成为推动经济增长的主力军。

（3）周期性。房地产业是进行房产、地产开发和经营的基础性行业，属于固定资产投资的范畴，受国家宏观政策的影响非常大，因此同国民经济的发展具有周期一样，房地产业的发展也具有周期性。房地产业受社会经济发展变化影响，一般表现出扩展与收缩的波动态势。在国民经济发展顺利时期，房地产业会率先获得相当高的回报；而在国民经济萧条时期，房地产业会首先滑坡。受房地产业周期性的影响，房地产业的发展总是表现出波浪式前进、螺旋式上升发展的特征。从这个意义上说，房地产业是我国经济发展的“晴雨表”。

（4）区域性。房地产空间的固定性使其受制于区域性的特点特别明显，不同区域存在明显差异，而且区位的不同也使房地产价格出现巨大分异，形成的级差收益相差巨大。这种区域性造成房地产市场的地区性特别强，房地产供给和需求只能在本区域范围内求得平衡。

（5）资金密集性和高风险性。由于房地产的价值量大、建设周期长、资金占用多，它的经济活动是大量资金运作的过程，因此房地产业是一个资金密集型的高投资行业。又由于房地产投资周期长及其固定性、变现能力差等特点，涉及的风险也相对较大，因而是一个高风险行业。所以，房地产是一个高投资和高风险并存的行业。

（6）市场性。房地产市场是房地产行业中的重要组成部分，关系房地产行业发展的前景与走势。房地产的市场性决定了房地产商品需要生产适销对路的产品，迎合市场的需要，提高房地产市场销售量，从而有效快速收回资金，提高资金利用率。同时，房地产市场与房地产债务也是密不可分的。房地产行业属于资金密集型行业，项目开发需要投入大量资金，周转周期较长。适当、合理的负债有利于房地产行业的发展，过高则会增大风险，负债的高低则取决于其市场状况，若房地产市场发展好，资金回收快，举债率自然不高；反之，若市场不景气，资金流动慢，则举债率会大幅上升，增大风险。由此可见，房地产行业的发展与其市场也是息息相关的，促进房地产行业的发展就离不开对市场的把控。

2. 房地产行业债务融资背景

随着社会主义市场经济体制的不断深化，房地产成为推动我国国民经济持续健康发展的重要支柱产业。作为支撑国民经济的产业，房地产行业需要源源不断的资金支撑，因此它需要不停地进行融资，而债务融资作为房地产主要融资来源之一，为其行业蓬勃发展提供了资金保障。根据其发展的不同阶段和房地产企业的大小，目前已有的房地产企业融资方式大约有如下十几种：债券融资、股票融资、商业信用融资、银行抵押贷款、股权质押贷款、委托贷款、信托贷款、民间借贷、融资租赁、自有资金、施工方垫资等等。无论是大房地产企业还是中小房地产企业，其融资过程中总是出现这样或那样的问题；股权融资和债务融资都问题多多，哪怕是我国前100强的房地产企业都有部分存在债务危机，甚至“爆雷”现象，应该引起社会各界的高度重视。

3. 房地产中小企业债务融资现状

(1) 高杠杆模式照旧，债务规模攀升，结构分化明显。

①在贷款方面，表外回表内，房地产开发贷增速回升。近些年来房地产企业贷款余额增速在10%左右，且在各行业贷款中的占比整体稳中稍升。从各行政策看，尽管大多数银行提出要加强风险管理，但对于优质房地产企业，它们还是会支持。由此可见在资金回表的背景下，银行表内信贷对房地产企业的总体融资支持会有所增加，但还是会受到资本金约束、行业政策和信用风险的影响，而且在结构上，优质房地产企业才是能够获得信贷的主体，房地产中小企业就难以获得银行的信赖而融资。

②在债券证券方面，监管尚未松绑，融资仍旧低迷。在债市调整以及房地产企业债券分类监管下，多数房地产中小企业融资情况不容乐观。而在海外市场方面，发债规模迅速扩大，因政策因素房地产中小企业同样无法融资。资产证券化产品快速增加，以CMBS（商业房地产抵押贷款支持证券）为代表的不动产资产证券化产品是主流形式，供应链ABS（资产支持证券）融资量也在快速增加，房地产中小企业同样存在上述问题，出现了大、中小房地产企业融资

结构的明显分化。

（2）行业整体债务风险增加。在前些年宽松的融资环境以及持续走高的房价刺激下，房地产大、中小企业依靠大量的融资快速扩张规模，债务规模一路走高。然而，在此前积累的债务却迎来到期、回售高峰。此外，房地产行业面临着持续的政策性调控，销售回款不流畅，并且融资环境也在收紧：一是房地产企业债在分类监管后融资量减少，二是国家对银行监管趋严，委贷新规、银信合新规从供给端压缩，资管新规从需求端限制，非标持续萎缩，另外表内贷款又受到资本金、行业政策等方面的制约。加之再融资的不流畅，在很大程度上引发以资金链为生命线的房地产大、中小企业流动性风险，从而使整个行业的债务风险增加。

3.3.2 房地产债务融资来源结构特点分析

1. 房地产中小企业融资方式受限

大部分房地产中小企业在成立之初，企业的主要融资方式是“业主出资”“政府投资”及“亲友借款”这三类。由此可知，房地产中小企业融资方式有限，原因有三方面：

（1）由于中小企业在设立之初难以向担保机构或银行提供足够的担保品与抵押品，采用“信用担保贷款”以及“银行贷款”融资方式的企业较少。此外，根据调查我们得知，认为该阶段“银行贷款”是资金来源主要形式的企业中，国有企业占88.3%，中外合资企业占9.1%，民营企业只占2.6%。由此可知银行贷款存在所有制偏好不同的问题。

（2）在企业成长期阶段，房地产中小企业的资金主要来源于自身的留存收益与业主的追加投资，较少企业再寻求新的债务融资方式。

（3）房地产中小企业进入成熟期后，企业发展基本稳定，由于信息不对称较少，企业经营风险相对减少，盈利水平较高，外源性资本投入增多，企业的融资渠道得到前所未有的拓宽，中小企业可以选择的融资方式才开始增多。

此外，发行企业债券和商业票据融资门槛太高，对于中小企业来说难度较高。并且房地产中小企业采用创新融资渠道的方式不积极，企业仍旧拘泥于传统的融资方式，银行在融资创新上力度还有待加强。另外，房地产中小企业对融资方式的选择上表现出较为明显的“强制优序融资”现象，这与企业融资结构的理论是相符的。

2. 不同的发展阶段房地产中小企业债务融资来源结构有着明显的差异

在企业发展初期，银行等金融机构无法甄别房地产中小企业的好坏，因此非正式的内源性直接债务融资是这些企业的主要来源。另外企业获得这部分资金的能力主要取决于企业家、创业者个人的能力及信用状况，同时也与投资者对企业发展前景所持观点密切相关。根据调查我们发现，房地产中小企业在成立之初举债不多，从而导致资产负债率比较低。因此，依靠权益性融资（内源性与外源性）是企业唯一可以指望的融资渠道。

随着企业经营的相对稳定，外源性的间接债务逐步成为企业主要的融资渠道，此时，正式金融将取代非正式金融，成为房地产中小企业的债务融资来源。在企业的成长期，企业与外界的信息不对称问题得到一定程度的缓解，企业的经营也步入上升阶段，从而租赁、信用担保贷款等成为房地产中小企业主要的融资渠道。等企业到了成熟期，房地产中小企业会主动与商业银行合作，金融机构也会推出一些创新金融产品，如通过集合委托贷款，应收账款的信托、质押与转售的方式来进行企业的债务融资。

3. 债务融资来源结构单一，过于依赖预售款和银行贷款

根据不完全调查可知，全国房地产开发企业资金来源中，企业自筹资金占比在30%至40%之间，国内贷款占比在15%至20%之间，其他资金占比最高，均在40%以上，由此可知其他资金是全国房地产开发企业的主要资金来源。而其他资金包括定金及预收款款项，而定金和预收款项绝大部分来源于银行的个人住房按揭贷款，且房地产企业的自筹资金中大多数也是由商品房销售收入转化而来，这部分收入主要来源于购房者的住房按揭贷款。由此可看出，银行贷款是房地产开发企业的主要资金来源。

再者，我们通过对房地产中小企业分析发现，企业更偏向于外源融资中的债务融资，而债务融资的资金来源主要包括商品房预售、银行借款及其他等，尽管中央银行的加息政策导致资金成本不断增高，企业正逐渐摆脱较大程度依赖银行贷款融资的形式，但其银行信贷占债务融资的比例平均仍较高，从而银行信贷仍是企业的债务融资的主要来源。而商业信用融资因其短期融通资金筹资便利、筹资成本低、限制条件少等优势，成为社会信用体系的重要组成部分，越来越多的房地产中小企业开始重视利用商业信用融资这一渠道。我国房地产开发企业的商业信用融资主要包括应付土地出让金、应付工程款、预收账款等，而预售楼款主要来源于个人住房按揭贷款，因此银行信贷仍旧是我国房地产中小企业债务融资的最大来源。

此外，尽管我国房地产上市公司基于各种原因使得发行债券融资规模一时增大，但现阶段我国债券市场发展仍不完善，企业债券发行门槛较高，要求严格，资本市场流通性差，无法较好地满足投资者的要求，同时我国房地产开发企业具有较高债务水平及短期债务，发行债券会使其面临更大的财务压力，导致其发行债券融资的意愿较低，因此房地产中小企业通过企业债券融资的平均占比较小，企业债券融资规模过低。

在外源融资方式选择上，房地产中小企业更多依赖债务融资，在债务融资中主要依赖来自银行等金融机构的贷款。与在公开市场上发行股票和债券相比，银行贷款不需要向社会公布企业的经营状况和财务信息，也不会导致企业股权结构的变化。银行与企业之间排他性的借款关系使银行可将信息租金内部化，不存在证券市场的信息外部性问题，从而赋予银行一个强的收集企业信息和监督企业的动机。银企关系这种性质可大大降低由于中小企业信息不透明所产生的交易成本，使中小企业从银行获得资金的融资成本低于证券市场的融资成本。更重要的是，由于银行贷款的金额、利率和期限等合同条件是由借贷双方谈判决定的，往往可通过事后再谈判加以调整，因而它比规则严密的证券市场更易于满足中小企业灵活多样的融资需求。

总体来看，银行信贷仍旧是房地产中小企业债务融资的主要来源，商业信用融资也是其债务融资的另一来源，企业债券融资规模过低。但在互联网金融、电子银行等网上银行发展日趋成熟背景下，传统的银行存款会减少，银行相应会收紧银根，严格审批额度大、期限长的房贷，使得房地产中小企业过度依赖银行信贷融资来满足企业发展的难度越来越大，资金链断裂危机增强。相反地，债券融资在约束债务代理成本方面具有不可替代的作用，一方面，投资者可以在企业债券存在的交易市场上随时出售转让，降低投资的“套牢”效应，债权人对权利的保护通过“一走了之”的方式降低了债权的代理成本；另一方面，债券的交易市场价格是一个“显示器”，除了及时反映债券价值的变化外，还反映出企业整体债权价值和企业价值的变化，有利于缓解债权人与股东之间的冲突。

综上所述，房地产中小企业应该尝试扩大企业债券融资规模，拓展新的融资渠道，改善财务结构，避免过多依赖银行信贷导致风险集中。

3.3.3　房地产债务融资来源结构影响因素分析

1. 融资成本仍然是影响房地产企业融资来源结构的主要因素

房地产中小型企业通过债务融资取得的资金，属于企业的负债。债务融资成本是企业运用贷款、发行债券等方式进行筹资使用的时候，必须付出的代价。由于普遍存在的信息不对称，不同企业在进行同一种债务融资时会出现不同的债务融资成本。

由于资本市场的不完善，人们对各种相关信息的了解是不同的；了解信息比较多的一方，会占据主动的地位，而信息相对匮乏的一方，就会处于不利的地位。在进行债务融资过程中，掌握较多融资信息的房地产企业，会以较低的融资成本进行企业的债务融资，使企业的收益率达到最高；而掌握较少或者根本没有融资信息的企业就会处于劣势，要承担信息不对称所增加的风险溢价和交易费用，从而增加总的筹资成本，减少企业所获得的收益。

另外，根据一些国内外研究文献，我们可以看出，在“融资难”的大背景下，债务融资成本作为资本结构的一部分一直是专家和学者研究的热点，对于债务融资成本的现有研究结果总体一致。在信息披露方面，信息越充分披露，越能减少信息不对称的风险，降低债务融资成本；在会计稳健性水平方面，房地产中小企业的会计稳健性越好，传递给银行等债权人的经营业绩信号越好，越能获得低成本、长期限的资金；在股权性质方面，股权性质这一制度因素在各个文献中大多被作为中介变量，国有性质会有利于融资的安排；在公司治理方面，国外文献要比国内文献研究得早一些，但结论一致，公司治理水平越高，例如董事会越独立、大股东持股比例越高等，债务融资成本就会越低；在内部控制方面，国外的研究也领先于国内，自从2001年我国财政部颁布第一个关于内控的规范标准之后，我国才陆续开始进行研究，总的来说，内部控制缺陷越少、越能自愿披露内控信息的企业较容易以较低的债务融资成本筹集到资金。

若企业融资成本高，融资的程序也相对复杂。企业融资的诉求申请下来之后，需要提交各种材料，耗费大量的时间、人力、财力和物力，再加上担保抵押在实际操作流程中受阻，造成的成本难以估计，直接阻碍了房地产中小企业的持续融资，不利于企业的健康发展。

综上所述，房地产中小企业需要对债务融资成本的大小进行控制，可以增大财务杠杆的效果，减少企业的现金流支出，减少财务风险，实现企业收益最大化。

2. 融资风险影响债务融资来源结构

俗话说：做任何事有伴随着风险。融资也有风险，融资风险是房地产中小企业债务融资必须考虑的问题。根据调查，我们得知多数房地产企业内部控制不合理，管理人员不重视企业内部的控制与管理，风险控制管理能力薄弱，缺乏完善的会计体系，公司治理结构不科学，没有建立内部监督体制，这些问题直接制约了房地产企业的融资能力。再者，房地产中小企业的规模小、企业管理层不重视防范风险，应对风险能力不足，风险防范能力薄弱，从而间接地削弱了房地产中小企业的融资能力，出现不良资产，造成高信用风险，甚至还有一些企业存在无法偿还贷款而“跑路”的现象。

目前我国房地产行业内部自有资金所占比重不高，对外部资金的高依赖性加大了行业的财务风险，一旦资金衔接不及时，极易造成资金链断裂；行业资金来源单一，主要依赖商业信用和银行贷款，债券、基金、信托等方式的利用度不高，房地产中小企业由于自身规模限制在资金获取上难度加大；高额的土地成本和激烈的行业竞争压力，加上国家政策的调整，使房地产行业融资水平极易受到国家政策的影响，行业融资压力依然比较大。再者，由于银行的风险意识不足，加上我国房地产行业起步较晚，但其属于支柱性产业，因此它刚一起步，就迎来了辉煌蓬勃的发展。从国家、金融机构、开发商、媒体到公众，他们都看到了这个商机，并将大量资金投入到房地产市场。各个银行为争夺市场份额，也有竞相降低信用评价门槛的现象，争相为开发商提供资金，这就导致众多房地产中小企业借助银行进行债务融资的风险提高。

此外，信贷环境日趋紧张，销售业绩的不确定性和波动性，导致房地产资金链承受重压，在房地产中小企业中尤其严重。商品房预售、银行贷款依然是房地产企业传统融资渠道中的重要支柱。在当前情况下，市场前景难以预测，商品房销售波动很大，且有限的贷款资源主要向大房地产企业倾斜，房地产中小企业难以获取资金。在这种情况下，一旦销售遇阻，将可能面临更多的债务违约风险，房地产资源整合将更加频繁，有极大可能使我国的房地产中小企业债务融资失败。

3. 不同的债务融资来源结构对企业过度投资有差异

目前我国的银行体系对于借款合同要求严格，银行会对债务人会进行资历验证等，大额借款可能会严格关注资金使用情况，要求企业提供资产担保、签订限制性条款等，所以企业在使用银行借款时往往会合理安排投资行为，管理者不会盲目进行投资，进而会抑制过度投资行为。商业信用主要是指购房者的预付款项以及在房屋建设过程中与材料供应商等债权人的应付账款和应付票据，由于房地产企业与此类债务人一般没有严格的债务合同规定还款期限，而且不需要任何成本，所以经营者往往更乐意使用商业信用带来的资金，其对经营者投资决策时的过度投资行为没有约束作用。

银行借款可以抑制企业过度投资。而商业信用与过度投资存在正相关性，但显著性水平不高，说明商业信用没有发挥抑制过度投资的功能。房地产中小企业利用银行借款进行债务融资，可以缓解企业过度投资行为，即银行借款会被监管进而抑制投资；而商业信用（如商品房预售和施工方垫资）对房地产中小企业过度投资没有抑制作用，刺激了投资但也构成了依赖进而提高了经营风险。即银行借款与过度投资呈负相关，商业信用与过度投资呈正相关。

4. 债务融资来源结构与企业价值相辅相成

总体资产债务融资率与公司价值（ROE）之间存在显著正相关，债务融资在一定程度上可对公司经理人产生一定的激励与约束，提高企业盈利能力，增高债务融资有可能对企业价值产生正向影响，促进企业价值的提升。若债务融资成本过高，在较大程度上可能给这些房地产中小企业带来破产成本和财务困难成本，从而使其企业的价值下降。因此，对于房地产中小企业来讲，企业的债务融资来源结构会受到企业价值的影响，假如企业在市场上有良好的价值，能够传递给市场企业业绩的信号，从而吸引投资者对其投资。当然，假如企业债务融资成本过高也会导致企业价值下降，很可能出现企业债务融资困难的现象。

总而言之，房地产中小企业价值高会吸引投资者进行投资，减少企业债务融资困难；反之，债务融资较困难，难以维持企业正常经营。从上述可知，债务融资也会反作用于企业，影响企业价值的高低。总体来讲，企业债务融资来源结构与企业价值相辅相成。

5. 政策是影响企业债务融资来源结构的重要因素

对于房地产行业来讲，政策是影响企业债务来源结构的重要因素。国家出台的很多政策都会影响到房地产中小企业的债务融资，譬如："绿色信贷"政策——对企业贷款提出了更高的要求，明确表示贷款时应充分考虑企业对于社会责任的履行情况。再比如2008年为了应对金融危机，提出了4万亿的救市计划，银行等金融机构快速大量地发放贷款，结果使得银行坏账增加，风险上升，而相对较大规模的房地产企业却凭借与银行的关系，将低息获得的贷款高息转借或用于房地产转型发展，同样产生了新的风险。

此外，2016年3月中央通过的“十三五”规划中明确提出“绿色金融”概念，引导银行贷款流向节能环保的企业，为了落实这一理念，政府还提出了绿色贷款的贴息政策、绿色债券政策、绿色企业的担保机制，房地产企业中小有了政府担保和贴息，可以减少绿色贷款的成本。而银行为了避免信贷膨胀，减少坏账，尽量将款项贷给声誉好或有较强担保的公司，于是声誉好的房地产中小企业会更容易以较低成本获得资金，从而获得较高的收益。

总而言之，房地产作为我国国民经济的支柱性产业，国家会重点关注并不断更新相关政策。房地产中小企业若想持续健康发展，就要懂得抓住国家颁布的房地产政策来进行发展，增加企业的收益。

3.4　本章小结

本章较为系统地介绍了房地产中小企业债务融资来源结构的相关基础理论。

首先在债务融资来源结构基础理论分析方面阐述了债务融资和债务融资来源结构：分析了债务融资和债务融资来源结构的内涵，并对债务融资的主要来源商业信用、银行信贷、债券融资、租赁融资等四方面内容进行理论分析。在此基础上就债务融资相关理论展开分析：MM理论、权衡理论、代理成本理论、信息不对称理论、期限匹配理论、税收理论、债务治理理论、债务契约理论、企业声誉理论。然后有针对性地对债务融资来源结构做出相关理论分析：金融成长周期理论、优序融资理论和激励理论。

接着就债务融资来源结构效率、效率评价指标、评价方法做了分析，并就债务融资结构和房地产债务融资来源的微观因素、宏观因素影响进行了探讨。

最后分析了房地产中小企业债务融资来源结构的内涵及影响。先就房地产行业的概况、房地产行业债务融资背景、房地产中小企业债务融资现状等房地产行业融资基本概况进行分析。针对性地对房地产债务融资来源结构特点进行了分析：中小房地产企业融资方式受限；不同的发展阶段房地产中小企业债务融资来源结构有着明显的差异；债务融资来源结构单一；过于依赖预售款和银行贷款。并深入剖析房地产债务融资来源结构影响因素：融资成本仍然是影响房地产企业融资来源结构的主要因素；融资风险影响债务融资来源结构；不同的债务融资来源结构对企业过度投资有差异；债务融资来源结构与企业价值相辅相成；政策是影响企业债务融资来源结构的重要因素。

本章内容丰富，围绕债务融资效率、债务融资、房地产债务融资、房地产中小企业债务融资等相关基础理论研究开展全面分析，为后续本课题的调查工作和实证研究铺垫了扎实的理论基础。

第4章　基于物元理论的债务融资来源结构融资效率评价与分析

本章分析了债务融资来源结构效率，将可拓物元理论中的物元评价方法引入房地产中小企业债务融资效率评价。本章共分为5节：4.1节为房地产中小企业债务融资效率评价指标选取原则和体系构建；4.2节为房地产中小企业债务融资效率物元评价；4.3节为案例分析，就实际房地产中小企业债务融资进行效率评价；4.4节为与房地产熵值法评价方法的比较分析；4.5节为本章小结。全章深入浅出，对物元评价方法做了全面介绍同时进行融资效率评价，还用房地产熵值法评价方法分别对房地产中小企业和上市企业个案融资效率进行比较分析，有利于厘清融资效率高低问题，为后续研究铺垫基础。

债务融资是企业发展的必要举措，债务融资效率是其可持续发展关键因素。债务融资效率一般被认为是涉及企业融资成本高低、融资风险大小以及融资行为方便程度的一个综合性概念，是指企业在融通债务资金过程中融资水平和资金有效性的高低。具体而言指企业在融资过程中选择不同的债务融资方式，将对融资成本、风险、企业价值等产生不同的影响。由此可见，企业债务融资效率不仅仅反映了资金筹集过程的效率，还反映了资金使用过程的效率。只有将这两类效率进行综合研究才能掌握债务融资效率的内涵。债务融资效率同样直接关系到房地产中小企业的发展，因此采用合理有效的方法及评价方法也极其重要，目前，对于房地产中小企业债务融资效率评价方法和模型，国内外专家提出了各种观点，通常以模糊综合评价方法（fuzzy comprehensive evaluation method，FCEM）、层次分析（analytic hierarchy process，AHP）和数据包络分析（data envelopment analysis，DEA）等传统效率评价方法最为应用普遍。[125] 近年来熵值法（entropy method）也被运用于效率评价，与以上方法相比其具有较强的客观性，且是一种动态的赋权方法，具有较大的灵活性，笔者已对这方面进行了研究，本书采用新的可拓物元理论方法进行房地产中小企业融资效率评价，有着不同于其他方法的特点。

4.1　房地产中小企业债务融资效率评价指标选取原则和体系构建

4.1.1　债务融资效率评价指标选取原则

构建房地产中小企业的债务融资效率评价体系首先要确定指标选取的原则。不同的指标其评价结果与效率往往不同，为更好地对房地产中小企业的债务融资效率做出评价，需从不同层面系统地反映其债务融资效率情况。选取其评价指标的原则主要从以下几方面考虑：一是客观性，即要求所选取的指标必须能够通过一定方法计算得出具体的数值，并且能够客观反映房地产中小企业的债务融资效率；二是科学性，所选取的评价指标和评价框架要能够相互对应，再通过科学的评价过程得到房地产中小企业有效的评价结果；三是全面性，意味着在构建房地产中小企业债务融资效率评价指标体系时要做到重要事件与数据都能体现，能够系统地、全面地反映债务融资效率，并且还要保证评价体系中指标之间有联系；四是重要性，在考虑全面性的同时还要关注和分析各个角度下房地产中小企业的债务融资效率情况，要从这些复杂影响因素中选出能更好反映债务融资效率的影响因素；五是可操作性，指所选取的指标在反映房地产中小企业债务融资效率的实际情况下能用确定的数值来量化，同时能顺利收集到评价分析过程中所需的数据，使评价分析过程能有效进行并得出相应的结论。[126]

4.1.2　债务融资效率评价指标体系构建

根据债务融资效率相关定义，债务融资效率表现在债务融资过程的效率和债务融资使用效率两方面，而企业价值的高低直接反映了债务融资使用效率的高低，通常作为企业债务融资效率的基本评价指标。一般认为融资效率与企业价值之间存在着比较明显的正相关关系，因为市场对企业价值高、盈利能力强的企业会有较好的偿债能力印象，所以这些企业特别是房地产中小企业应该加强企业融资能力。因此将企业价值作为构建房地产中小企业债务融资效率评价指标体系的根本指标。通过分析房地产中小企业债务融资的影响因素可知，房地产中小企业债务融资受到偿债能力、盈利能力、资金管理能力、融资速度等因素的影响，由于上述因素对房地产中小企业的融资成本和融资风险的影响，进而对房地产中小企业价值产生影响。因此，债务融资成本和债务融资风险是影响房地产中小企业价值的两个主要因素。债务融资成本的增加会导致中小企业加权平均资本成本的升高，从而导致中小企业价值的降低；债务融资风险对中小企业的持续发展能力至关重要，当企业面临较大的债务融资风险时会削弱企业的持续发展能力，持续发展能力减弱则中小企业未来获利能力就会减弱。由于企业价值是中小企业现有基础上的获利能力价值与潜在获利机会价值之和，因此债务融资风险提高则会使房地产中小企业价值降低，反之则提高。所以本书从企业价值、债务融资成本、债务融资风险三个方面对房地产中小企业债务融资效率进行评价。

为了更加精确地反映房地产中小企业债务融资效率、企业价值、债务融资成本及债务融资风险，笔者根据工作实际及结合各企业特点和因素构建一个房地产中小企业债务融资效率评价通用指标体系，详见表4.1。

表4.1 房地产中小企业债务融资效率评价指标体系

标 准	指 标	计算公式及相关说明
企业价值	托宾 Q 值	公司总市值 ÷ 资产重置成本
	EVA 值	税后经营利润－债务资本成本－股权资本成本
债务融资成本	债务融资成本率	财务费用 ÷(短期借款＋长期借款＋应付债券)
	借款成本率	(长期借款总额 × 利率＋短期借款总额 × 利率) ÷ 借款总额

续表

标 准	指 标	计算公式及相关说明
债务融资风险	流动比率	流动资产 ÷ 流动负债
	速动比率	速动资产 ÷ 流动负债
	应收应付配合率	应收账款 ÷ 应付账款
	利息保障倍数倒数	利息费用 ÷ 息税前利润
	经营现金净流量对负债比率	经营现金流量净额 ÷ 负债总额
	可抵押资产价值	(存货 + 固定资产)÷ 总资产
	债务融资速度	当年销售收入 ÷ 当年债务融资活动现金净流入
	资金到位率	债务融资活动现金流入量 ÷ 投资活动现金流出量

4.2 房地产中小企业债务融资效率物元评价

4.2.1 债务融资效率评价物元模型的建立

债务融资效率评价物元即确定该事物物元名称为 N，其事物有关特征 C 的量值数据为 X，通过 $R=(N, C, X)$ 的有序三元组来描述债务融资效率评价事物的基本元，即称为房地产中小企业债务融资效率评价物元。该评价是一个较为复杂交叉多变的多指标问题，通过物元模型分析，可进行多指标评价参数的综合评价分析，从而较客观全面地反映房地产中小企业债务融资效率的真实水平。

4.2.2 债务融资效率指标的定量化分析

房地产中小企业债务融资效率有定性和定量的各项指标，相互间无法进行有效统一的比较分析，更无法确定其综合评价水平，因此首先必须要对有关指标进行统一的定量化处理。定量化处理通常有以下三种办法：[127]

（1）可直接定量化的有关指标，可参考目前债务融资效率有关行业标准进行定量化处理。

（2）可间接定量化的有关指标，可分析该指标的全社会整体效率情况来确定其标准值，然后将有关指标与其做相应比较，判定其对应的比较值。

(3) 有关定性指标的定量化，可采用模糊数学法、专家评价法、头脑风暴法等进行定量化处理。

4.2.3 设定债务融资效率评价等级物元集合[27]

经过对所有参与房地产中小企业债务融资效率评价指标的定量化处理，对应房地产中小企业的特征把债务融资效率评价等级划分为很高、较高、一般、低劣等四个评价等级，并设定各个评价等级的等级数据范围大小，再将待评债务融资效率物元的各定量化指标数值代入各等级数据集合内开展多指标评价分析；评价结果按该待评物元与各等级数据集合的关联度和接近度大小进行分析，关联度和接近度越大，该待评物元与某等级数据集合的接近度就越好，就属于该等级范围。有关评价方法如下：

设定债务融资效率评价物元的经典域：

$$R_{oj}=(N_{oj},C_i,X_{oji})=\begin{bmatrix} N_{oj} & C_1 & X_{oj1} \\ & C_2 & X_{oj2} \\ & \vdots & \vdots \\ & C_n & X_{ojn} \end{bmatrix}=\begin{bmatrix} N_{oj} & C_1 & \langle a_{oj1},b_{oj1}\rangle \\ & C_2 & \langle a_{oj2},b_{oj2}\rangle \\ & \vdots & \vdots \\ & C_n & \langle a_{ojn},b_{ojn}\rangle \end{bmatrix}$$

式中，N_{oj} 表示所划分的 j 个债务融资效率评价等级；C_i 表示评价等级 N_{oj} 的物元特征；X_{oji} 表示 N_{oj} 关于 C_i 所设定的等级量值数据范围，即各债务融资效率评价等级关于对应物元特征所设定的数据等级范围。

设定债务融资效率评价物元的节域：

$$R_P=(P,C_i,X_{pi})=\begin{bmatrix} P & C_1 & X_{p1} \\ & C_2 & X_{p2} \\ & \vdots & \vdots \\ & C_n & X_{pn} \end{bmatrix}=\begin{bmatrix} P & C_1 & \langle a_{p1},b_{p1}\rangle \\ & C_2 & \langle a_{p2},b_{p2}\rangle \\ & \vdots & \vdots \\ & C_n & \langle a_{pn},b_{pn}\rangle \end{bmatrix}$$

式中，P 表示评价等级的节域整体范围，即节域集合；X_{pi} 表示 P 关于 C_i 所设定的整体量值数据范围。

设定待评债务融资效率物元：

对待评债务融资效率物元，根据债务融资效率工作实际成果分析用物元 R_0 表示，称为债务融资效率待评物元。

$$R_0=(P_o,C_i,X_i)=\begin{bmatrix} P_o & C_1 & X_1 \\ & C_2 & X_2 \\ & \vdots & \vdots \\ & C_n & X_n \end{bmatrix}$$

式中，P_o 表示待评债务融资效率物元标的物；X_i 表示 P_o 关于 C_i 的指标量值数据，即待评债务融资效率标的物指标定量化分析测得的具体工作数据。

4.2.4 确定待评债务融资效率标的物关于各评价等级的关联度

令

$$K_j(X_i)=\frac{\rho(X_i,X_{oji})}{\rho(X_i,X_{pi})-\rho(X_i,X_{oji})} \tag{4.1}$$

式中，$\rho(X_i,X_{oji})=\left|X_i-\frac{a_{oji}+b_{oji}}{2}\right|-\frac{1}{2}(b_{oji}-a_{oji})$；

$\rho(X_i,X_{pi})=\left|X_i-\frac{a_{pi}+b_{pi}}{2}\right|-\frac{1}{2}(b_{pi}-a_{pi})$。

对每个物元特征 C_i，设定 W_i 为相应权系数，令

$$K_j\left(P_o\right)=\sum_{i=1}^{n}W_iK_j\left(X_i\right) \tag{4.2}$$

称 $K_j(P_o)$ 为待评债务融资效率标的物和 P_o 关于评价等级 j 的关联度。

4.2.5 债务融资效率评价等级的综合评价

若

$$K_j=\max K_j(P_o),\ j=1, 2, \cdots, m \tag{4.3}$$

则综合评价 P_o 属于等级 j，对有关 j，若 $K_j(P_o)\leqslant 0$，则说明 P_o 的评价等级已不在所设定的各评价等级之内，应删除舍去。

4.3　案例分析

对应房地产中小企业对债务融资效率的要求和特征并结合工作实际，确定债务融资效率评价等级的物元经典域和节域。[128]

债务融资效率评价物元经典域：

$$R_{o1}=\begin{bmatrix} \text{评价很高}\,C_1 & \langle 85,100\rangle \\ C_2 & \langle 85,100\rangle \\ \vdots & \vdots \\ C_{12} & \langle 85,100\rangle \end{bmatrix} \quad R_{o2}=\begin{bmatrix} \text{评价较高}\,C_1 & \langle 70,85\rangle \\ C_2 & \langle 70,85\rangle \\ \vdots & \vdots \\ C_{12} & \langle 70,85\rangle \end{bmatrix}$$

$$R_{o3}=\begin{bmatrix} \text{评价一般}\,C_1 & \langle 60,70\rangle \\ C_2 & \langle 60,70\rangle \\ \vdots & \vdots \\ C_{12} & \langle 60,70\rangle \end{bmatrix} \quad R_{o4}=\begin{bmatrix} \text{评价低劣}\,C_1 & \langle 70,85\rangle \\ C_2 & \langle 50,60\rangle \\ \vdots & \vdots \\ C_{12} & \langle 50,60\rangle \end{bmatrix}$$

式中，$C_1, C_2, \cdots, C_{12}$ 见表4.2。

债务融资效率评价物元节域：

$$R_p=\begin{bmatrix} \text{效率评价}\,C_1 & \langle 45,105\rangle \\ C_2 & \langle 45,105\rangle \\ \vdots & \vdots \\ C_{12} & \langle 45,105\rangle \end{bmatrix}$$

现有某地房地产中小企业债务融资效率实际情况（即待评债务融资效率标的物），通过上面的评价指标量化分析测算出各指标评价数据平均值分别为 X_i（见表4.2 X_i 项），从 X_i 项可得知该债务融资效率12个评价指标数值都不同，由债务融资效率物元经典域范围可知，该指标有部分属于很高等级，有部分属于较高等级，有部分属于一般等级，因各指标的等级范围情况各不相同，很显然按常理评价其综合等级是很困难的且也很难做出客观合理评价。接下来评价该指标的综合评价等级：通过公式（4.1）计算求得 $K_j(X_i)$（j=1, 2, 3, 4; i=1, 2, ⋯, 12），详见表4.2中 $K_j(X_i)$ 项。

利用各指标权系数 $W_1, \cdots, W_{12}$，可采用德尔菲法求取权系数，通过公式

(4.2) 计算该待评某地房地产中小企业债务融资效率指标与各评价等级的关联度。

$K_1(P_o)=-0.042\,5$，$K_2(P_o)=0.042\,5$，$K_3(P_o)=-0.366\,8$，$K_4(P_o)=-0.505\,6$。

根据公式 (4.3) 的等级评价标准，因为 $K_2(P_o)=\max K_j(P_o)$，$j\in(1, 2, 3, 4)$，说明物元经典域处于较高区间，故 P_o 的评价等级为较高。评价结果反映物元评价法可以用于房地产中小企业债务融资效率评价，且此方法具有定性定量结合、简洁灵活、客观准确、科学可行等特点，通过运用物元节域集合和经典域等级区间，关联度的接近大小，能有效综合评价房地产中小企业债务融资效率指标间存在的相互分离不一致和相互复杂作用的问题，结果用直观的量值数据反映各评价等级间的差异性，为债务融资效率评价提供了一种便捷的较新科学方法。

表 4.2 房地产中小企业债务融资效率物元评价法

一级指标	权重1	二级指标 C_i	权重2	权重 W_i W_i=2×1	$X_i(i=1,\cdots,12)$	$K_1(X_i)$	$K_2(X_i)$	$K_3(X_i)$	$K_4(X_i)$
债务融资风险	0.5	流动比率	0.2	0.1	90	0.5	−0.25	−0.571 4	−0.666 7
		速动比率	0.2	0.1	85	0	0	−0.428 6	−0.555 6
		应收应付配合率	0.1	0.05	65	−0.5	−0.2	−0.333 3	−0.2
		利息保障倍数倒数	0.1	0.05	75	−0.25	0.2	−0.111 1	−0.333 3
		经营现金净流量对负债比率	0.1	0.05	80	−0.166 7	0.25	−0.25	−0.444 4
		可抵押资产价值	0.1	0.05	90	0.5	−0.25	−0.571 4	−0.666 7
		债务融资速度	0.1	0.05	65	−0.5	−0.2	−0.333 3	−0.2
		资金到位率	0.1	0.05	90	0.5	−0.25	−0.571 4	−0.666 7
债务融资成本	0.3	债务融资成本率	0.6	0.18	80	−0.166 7	0.25	−0.25	−0.444 4
		借款成本率	0.4	0.12	85	0	0	−0.428 6	−0.555 6
企业价值	0.2	托宾 Q 值	0.5	0.1	75	−0.25	0.2	−0.111 1	−0.333 3
		EVA 值	0.5	0.1	80	−0.166 7	0.25	−0.25	−0.444 4

对于上述房地产中小企业债务融资效率物元评价方法手工计算比较麻烦，

若能开发物元综合评价计算软件就可处理大量的数据问题，只需输入待评债务融资效率评价各指标的平均值 X_i（i=1, 2, ⋯, n）就能直接计算得出评价等级，同样对不同地方的房地产中小企业也可结合当地企业特色设定新的评价指标进行评价。当然限于笔者水平，对如何更加准确地把握各地房地产中小企业债务融资效率特征，如何结合各地房地产中小企业债务融资效率价值取向，如何更全面地设立和构建房地产中小企业债务融资效率评价指标，如何采用更合理的指标权重确定方法，如何更合理地进行各指标的定量化工作，都需要做进一步研究分析。[129]

4.4　与房地产熵值法评价方法的比较分析

4.4.1　采用物元评价法对房地产中小企业进行效率评价测算

以湖南省有关代表性房地产中小企业为研究对象，样本筛选遵循以下标准：①财务状况异常的企业债务融资面临极大约束，因此剔除；②房地产受市场环境影响显著，为保证可比性，只考虑发展相对成熟的企业，至少可以获得5年财务数据的企业；③由于研究重点是债务融资问题，因此剔除未进行债务融资的企业；④最终调查选取湖南8家代表性房地产中小企业2016—2020年的相关数据作为实证样本。采用以上物元评价法进行测算，得出8家房地产中小企业的融资效率情况如表4.3所示。[130]

表4.3　房地产中小企业债务融资效率评价结果

企业编号	长沙A企业	长沙B企业	益阳A企业	益阳B企业	岳阳A企业	岳阳B企业	株洲A企业	株洲B企业
效率评价结果	一般	低劣	低劣	低劣	低劣	一般	低劣	低劣

4.4.2　采用熵值法对房地产中小企业进行效率评价试算

同样用笔者已研究过的熵值法对上面8家中小企业进行试算，限于篇幅不用熵值法对房地产企业债务融资评价进行一一赘述了，详见笔者已发专著文献[131]。得出结论如下：

房地产中小企业整体债务融资效率偏低。按照熵值法的标准，综合得分越接近1说明房地产中小企业的债务融资效率越高，越接近于0则说明融资效率越低。2016—2020年房地产中小企业的债务融资效率评价值基本上低于0.45（除个别公司外），虽然2017年最大值达到了0.49，但其他几年最大值均低于0.45。平均值均的范围处于0.23~0.34之间，且标准差都在0.1以内表明不同房地产中小企业债务融资效率波动幅度较小，这意味着房地产中小企业整体债务融资效率都处于低水平状态。这说明熵值法的评价其结果基本是与物元评价法相吻合。

4.4.3 采用熵值法对房地产上市房地产企业进行效率评价试算

同样用笔者已研究过的熵值法遴选8家房地产上市企业进行融资效率评价试算，选取标准限于篇幅不一一进行赘述了，详见笔者已发专著文献[130]。得出结论如下：

房地产上市企业整体债务融资效率也相对偏低，但房地产上市企业比较笔者前几年评价（采用2009—2013年数据）的融资效率已有所提高。2016—2020年房地产上市企业债务融资效率评价值基本上低于0.55（除个别公司外），虽然2018年最大值达到了0.71，但其他几年最大值均低于0.65。平均值的范围处于0.28~0.43之间，且标准差都在0.1以内也表明不同房地产上市企业债务融资效率波动幅度依旧较小，同样意味着房地产上市企业整体债务融资效率还是处于较低水平阶段。

4.5 本章小结

本章基于物元理论的债务融资来源结构融资效率评价展开分析，通过房地产中小企业债务融资效率评价指标选取和体系构建展开房地产中小企业债务融资效率物元评价，并用有关案例进行分析得出评价结果，最后与房地产熵值法评价方法的结果进行了比较分析，主要结论如下：

(1) 采用物元法测算出房地产中小企业整体债务融资效率水平较低。根据调查选取的湖南省8家代表性房地产中小企业2016—2020年的相关数据作为实证样本，采用物元评价法进行测算，得出8家房地产中小企业的融资效率情况如下：2家中小企业评价物元经典域落在一般区间，6家中小企业评价物元经典域落在低劣区间，说明债务融资效率不高，处于让人担忧的不理想状态。

（2）实证说明物元评价方法有效可行，通过分析房地产中小企业债务融资效率评价指标，结合物元分析相关理论，将其运用于房地产中小企业债务融资效率综合评价并得出结论，证明其方法有效实用。对于债务融资效率评价物元经典域设定区间越小（即本书只设定了4个区间，若设定10个区间就更加精准）越能准确反映融资效率的高低。

（3）采用熵值法测算房地产中小企业整体债务融资效率也是偏低。同样用熵值法对上面8家中小企业进行试算，按照熵值法的标准，平均值的范围处于0.23~0.34之间，这说明房地产中小企业整体债务融资效率都处于低水平状态。其结果基本与物元评价法相吻合。

（4）采用熵值法测算房地产上市企业其整体债务融资效率也偏低。同样用笔者已研究过的熵值法遴选8家房地产上市企业进行融资效率评价试算，按照熵值法的标准，平均值的范围处于0.28~0.43之间（比房地产中小企业稍好些），且标准差都在0.1以内也说明不同房地产上市企业债务融资效率波动幅度依旧较小，同样说明房地产上市企业整体债务融资效率也处于较低水平阶段。

（5）效率评价的方法虽然众多，但是传统方法通常被认为存在这样或那样的不足，从本书这两种评价方法来看，都有特点，都能较好地展开评价，能展开单个企业独立评价的是物元评价法，灵活好用，较为客观的是熵值法，两者结合起来评价债务融资效率能相互佐证和互动分析。

第 5 章　房地产市场分析及湖南房地产中小企业情况分析

市场是水，债务是舟，本章主要分析全国、湖南房地产市场及湖南房地产中小企业情况，通过调查对市场和企业情况有个总的评判，房地产企业进行开发与融资首先必须要懂市场，充分了解市场才能合理举债，才能分清怎样的债务来源结构能降低成本。本章共分 4 节：5.1 节为全国房地产市场分析；5.2 节为湖南房地产市场情况分析；5.3 节为湖南省房地产中小企业情况分析；5.4 节为本章小结。全章从政治政策、经济、社会、技术环境展开分析，并进行 PEST 分析总结；从湖南省房地产政治政策因素影响、经济因素影响等角度考察了湖南省房地产市场；同时对湖南省房地产中小企业情况进行分析，也考察了中小企业的债务融资情况，对接实际工作为后续优化房地产中小企业来源结构分析做了铺垫。

5.1　全国房地产市场分析

5.1.1　政治政策环境分析

1. 继续坚持“房住不炒”的基调，全面落实“三稳”

从2016年12月，中央经济工作会议首次提出“促进房地产市场平稳健康发展”的定位，明确坚持“房子是用来住的，不是用来炒的”。2020年上半年为了应对疫情，扶持楼市发展，政策上整体较为宽松，第三季度货币方面政策松弛，经济恢复速度很快，而部分城市房价上涨过快，各政府开始密集使用政策等手段调控。

目前“房住不炒”依然是头等大事，仍坚持“稳中趋紧”的总基调和“房住不炒”政策，地方政府灵活因城施策、精准调控，保证住房价格在一定时间内稳定下来，避免房价波动幅度过大，此外，中央又增加了稳地价、稳房价、稳预期的“三稳”政策，强调保障性住房的重要性，引导其回归居住属性，通过企业端“三道红线”和银行端“两道红线”促使房地产企业降杠杆，使得房企进入从增量到提质的发展阶段。

（1）坚持贯彻落实“房住不炒”的金融监管政策。

2020年12月31日，《关于建立银行业金融机构房地产贷款集中度管理制度的通知》正式出台，主要是对银行业房地产贷款进行集中管理，对各银行发放的房地产贷款设定上限。这一政策是落实“房住不炒”的长效机制，标志着房地产去金融化拉开了帷幕。

显然，与2020年相对宽松的信贷环境相比，近期部分城市房贷审批趋于严格，暂停二手房贷业务受理等现象已经出现，对于不少购房者来说，这一举措提高了购房的“门槛”，受“房贷集中度管理”新规的影响，目前不少银行已经接近央行规定的房贷余额上限，详情如表5.1所示。

表5.1　房地产放贷集中度管理要求

银行业金融机构分档类型		房地产贷款占比上限	个人住房贷款占比上限
第一档：中资大型银行	中国工商银行、中国建设银行、中国农业银行、中国银行、国家开发银行、交通银行、中国邮政储蓄银行	40%	32.5%
第二档：中资中型银行	招商银行、农业发展银行、浦发银行、中信银行、兴业银行、中国民生银行、中国光大银行、华夏银行、进出口银行、广发银行、平安银行、北京银行、上海银行、江苏银行、恒丰银行、浙商银行、渤海银行	27.5%	20%
第三档：中资小型银行和非县域农合机构	城市商业银行、民营银行、大中城市和城区农合机构	22.5%	17.5%
第四档：县域农合机构	县域农合机构	17.5%	12.5%

续表

银行业金融机构分档类型		房地产贷款占比上限	个人住房贷款占比上限
第五档：村镇银行	村镇银行	12.5%	7.5%
注明：1. 农合机构包括：农村商业银行、农村合作银行、农村信用合作社 2. 不包括第三档中的城市商业银行			

（数据来源：中国政府网）

（2）三道红线。

央行和住建部为了限制开发商融资，避免大量资金再度流入房地产这个“蓄水池”，导致“炒房时代”再出现，于2020年出台了“三道红线”融资监管政策。“三道红线 ”所涉及的均为合并口径范围内的财务指标，通过将表内债务向表外转移，各项指标仍存在一定的调节优化空间，房企表外负债和明股实债风险或将上升。房企的拿地力度受到抑制，土拍市场热度将有所降温，但优质区域土地仍将维持一定的溢价率。

2. 增加租赁、共有产权住房供应，解决大城市住房突出问题

2020年12月召开的中央经济工作会议会上首次提出“解决好大城市住房突出问题”，指出“住房问题关系民生福祉”，并提出增加土地供应、降低税费、以租代售等办法来支持租房，规范市场化租赁住房发展，保障住房需求，并由此达到抑制房价过快上涨的目的。

加快建立多主体供给、多渠道保障、租购并举的住房制度，让全体人民住有所居、职住平衡。坚持因地制宜、多策并举，夯实城市政府主体责任，稳定地价、房价和预期。建立住房和土地联动机制，加强房地产金融调控，发挥住房税收调节作用，支持合理自住需求，遏制投资投机性需求，有效盘活存量住房资源。

3. 定价基准转换为LPR（贷款市场报价利率）

将贷款利率转换为LPR可以降低利息支出。LPR报价机制改革自2019年8月正式启动。而在2020年，根据央行的规定，3月至8月，将推进存量商业性

住房贷款定价基准平稳转换，有商业性住房贷款者可在固定利率和LPR之间做一次选择。2019年12月28日，央行网站发布《中国人民银行公告〔2019〕第30号》，进一步推动将存量浮动利率贷款的定价基准转换为LPR。LPR是由我国18家报价银行综合考虑资金成本、贷款市场供求、信用溢价所报出来的结果。18家银行报价去掉最高和最低，其他数据取平均构成LPR数据。这意味着从2021年1月开始，住房贷款利率更多地将由市场机制决定。

4. 全面降息降准

央行决定于2021年7月15日起普降存款准备金率0.5个百分点，释放长期资金1万亿元。降准是我国央行最致命的货币政策工具之一，几乎等同于降息，本次央行一改从前的定向降准为全面降准，有助于提高货币乘数进而扩大银行贷款规模，房贷额度有望相应扩大，从而直接影响全社会的投资，缓解房地产企业的资金压力，从而推动房贷利率的下降，并打击利用杠杆投机性住房贷款行为，刺激房地产行业的发展，推进实现稳预期的目标。

5. 公积金互认互贷

公积金互认互贷是发展趋势，既有利于人口流动和城镇化的推进，又增大了公积金制度自身的吸引力。在公积金政策方面，则呈现提高存缴上限和多城市承认互认互贷的两大趋势。2020年以来，以城市群组团推进公积金一体化，多地密集推进公积金互认互贷。

5.1.2　经济环境分析

1. 国民生产总值增长稳中有进，第三产业持续增值

2021年7月1日习总书记宣布我国已全面建成小康社会，我国的经济实力、科技实力、综合国力和人民生活水平又跃上新的大台阶，中华民族伟大复兴向前迈出了新的一大步。从发展环境来看，当今世界正在经历百年未有之大变革，国际力量对比和全球经济版图加速演变，新一轮科技革命和产业变革正在蓬勃发展，世界和平发展潮流和经济全球化大势不可逆转，而目前全球正在经历的新冠疫情，我国则是全球中控制最好、经济恢复最快的国家之一，这些都为我

国经济发展提供了新的历史机遇。

初步核算，2021年上半年我国实现国内生产总值达532 167.5亿元，比上半年同期增长77 455.4亿元，GDP 指数为112.7。其中，第一产业增加值为28 402.3亿元，对 GDP 贡献率为3.4%；第二产业增加值为207 154.2亿元，对 GDP 贡献率为43.6%；第三产业增加值为296 611亿元，对 GDP 贡献率为53%。具体情况如图5.1所示。

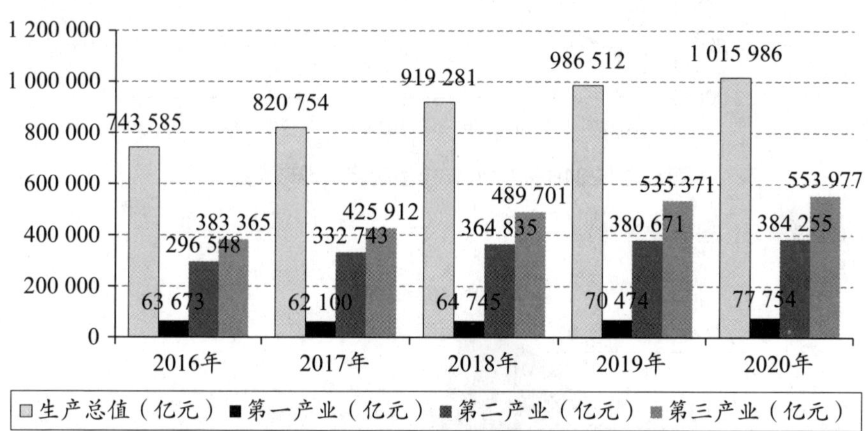

图5.1　2016—2020年国内生产总值增长变化情况

（数据来源：国家统计局）

2. 人均可支配收入情况

人们的可支配收入在稳步增长，从构成图可以看出，人均消费支出当中，居住占比很大，所以居民商品房消费能力很高，2016—2020 年全国居民人均可支配收入如图 5.2 所示，2020 年全国居民人均消费支出及其构成如图 5.3 所示。

3. 我国经济不断恢复，投资需求不断增多

2020 年虽然经历疫情，但三大需求中投资拉动 GDP 还增长 2.2 个百分点，重回拉动经济增长的主动力。从投资结构方面来看，投资的恢复主要靠第三产业的投资。首先是靠基建投资，电热气水和交通方面的投资贡献率达到了 65%，其次是房地产投资，贡献率为 53.9%。三驾马车中呈现典型的“外需强、内需弱”特征。内需中，消费最弱、固定资产投资中基建投资和房地产投资支

撑力度较高，但随着疫情形势的不断好转，人民的消费欲望会有所提升，国内的消费质量跟空间也会持续提升。

图 5.2　2016—2020 年全国居民人均可支配收入

（数据来源：国家统计局）

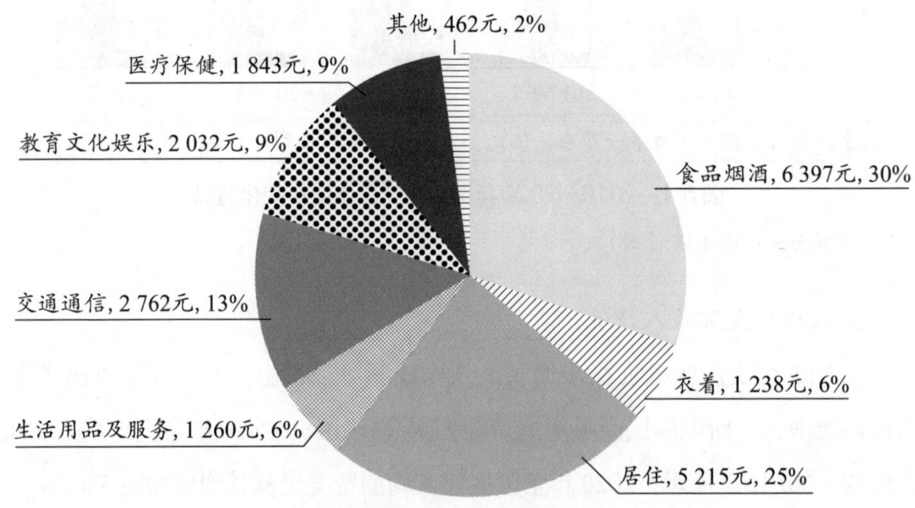

图 5.3　2020 年全国居民人均消费支出及其构成

（数据来源：国家统计局）

4. 全国房地产市场经济状况

从全国房地产市场经济运行情况来看，全国房地产市场运行在 2020 年初疫情期间受到重创，1—11 月份，全国房地产开发投资达 129 492 亿，同比增长 6.8%，连续 7 个月保持正增长，房地产企业开发项目投资发展增速连续 7 月正增长，呈现稳中向好态势，但仍未恢复至去年增速水平。其中住宅投资达 95 837 亿元，增长 7.4%，全国房地产开发投资增速图如图 5.4 所示。

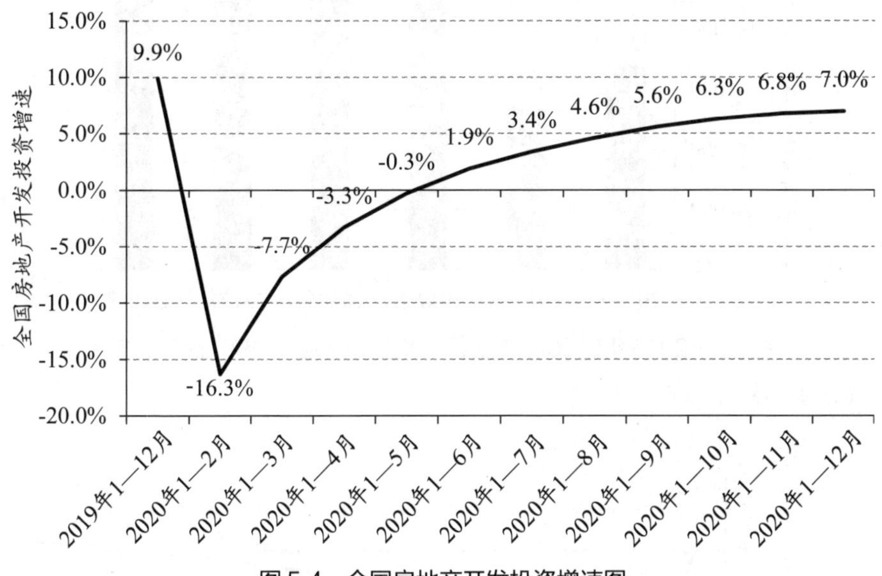

图 5.4　全国房地产开发投资增速图

（数据来源：国家统计局）

房地产开发投资持续增长，房屋实物建设量有所加快。2020 年，房地产开发企业到位资金为 193 115 亿元，比上年增长 8.1%；同年，房地产开发企业房屋施工面积为 926 759 万 m^2，比上年增长 3.7%。其中，住宅新开工面积为 164 329 万 m^2，下降 1.9%。房屋竣工面积为 91 218 万 m^2，下降 4.9%，住宅竣工面积 65 910 万 m^2，下降 3.1%。近十年的土地成交建筑面积走势具体情况如图 5.5 所示。

从全国商品房销售面积与销售额增速图来看，需求不断扩大，商品房销售面积逐步上升，房企回款速度有所增加。2020 年，商品房销售面积达 176 086 万 m^2，比上年增长 2.6%，其中，住宅销售面积增长 3.2%，办公楼销售面积下降 10.4%，商业营业用房销售面积下降 8.7%。商品房销售额达 173 613 亿元，增长 8.7%，其中，住宅销售额增长 10.8%，办公楼销售额下降 5.3%，商业营业用房销售额下降 11.2%。如图 5.6 所示。

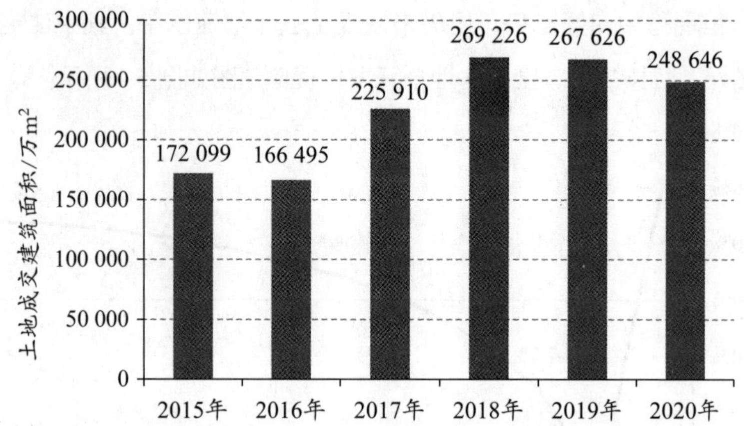

图 5.5　2015 年到 2020 年全国 300 城市土地成交建筑面积走势

（数据来源：国家信息中心）

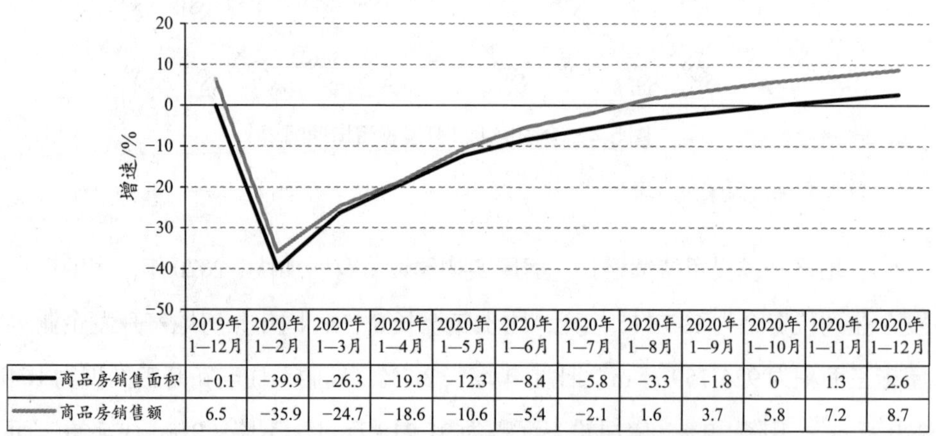

	2019年1—12月	2020年1—2月	2020年1—3月	2020年1—4月	2020年1—5月	2020年1—6月	2020年1—7月	2020年1—8月	2020年1—9月	2020年1—10月	2020年1—11月	2020年1—12月
商品房销售面积	−0.1	−39.9	−26.3	−19.3	−12.3	−8.4	−5.8	−3.3	−1.8	0	1.3	2.6
商品房销售额	6.5	−35.9	−24.7	−18.6	−10.6	−5.4	−2.1	1.6	3.7	5.8	7.2	8.7

图 5.6　全国商品房销售面积以及销售额增速图

（数据来源：国家统计局）

新房价格持续上涨。截至 2020 年 12 月月中，全国 300 城经营性用地成交金额达 62 685 亿元，同比增长 15%，较 2019 年全年 14% 的涨幅进一步扩大，成交总金额增长速度增加。据国家统计局日前发布的数据显示，2020 年 12 月份 70 个大中城市房地产市场价格稳中略涨。具体情况如图 5.7 所示。

二手房价格持续上涨，一二三线城市涨势有所分化。根据我国指数研究院对全国 100 个城市新建及二手房的调查数据，2020 年百城新建住宅价格全年累计上涨2.98%，整体价格保持稳定。其中，2020年12月份，一线城市二手房销售价格同比上涨8.6%，涨幅比上月扩大0.3个百分点。二线城市二手房销售价格同比上涨2.2%，涨幅比上月扩大0.1个百分点。三线城市二手房销售价格同比上涨1.4%，涨幅比上月回落0.1个百分点。如图5.8所示。

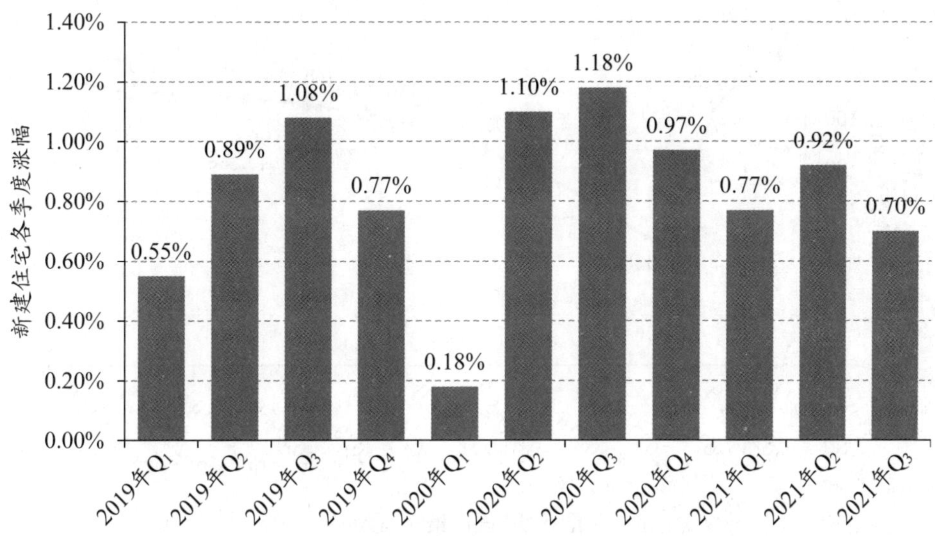

图5.7　2019—2020年百城新建住宅各季度累计涨幅变化

（数据来源：国家信息中心）

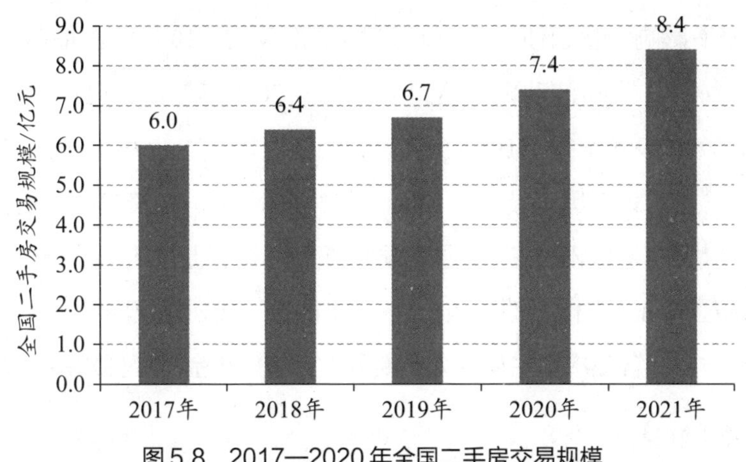

图5.8　2017—2020年全国二手房交易规模

（数据来源：国家统计局）

国房景气指数依旧增长。展望未来市场，房地产市场长效调控机制将继续发挥作用，预计房地产市场整体热度会延续2020年运行的趋势。近两年来房地产开发指数虽略有下降，但就2021年上半年而言，同比增长0.29个百分点，景气指数依旧向好。如图5.9所示。

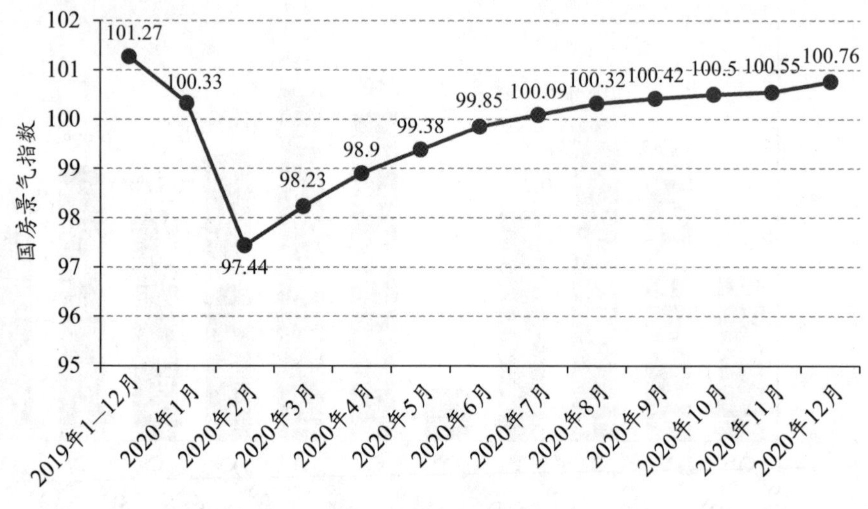

图5.9 国房景气指数

（数据来源：国家统计局）

5. 金融环境较好，市场优势进一步发挥，经济环境良好

受疫情影响，我国债市陷入对称“V”形反转，10年期国债收益率回到2019年底水平，全年波动幅度达到87BP，较2020年最低值已反弹65BP，但资金价格较2019年下行46BP、全年波动幅度更是高达178BP，同时中美利差（220BP左右）扩大至历史最高位区间。针对外部环境的频繁扰动，我国针对性提出的“以国内大循环为主体、国内国际双循环相互促进的新发展格局”旨在提升我国经济的独立自主性与溢出性。“十四五”规划建议为我国经济社会发展指明了方向，各类市场主体活力不断激发，债务和金融杠杆水平总体可控。

6. 货币政策

整体来看，在疫情严峻时期（2020年1月至4月）我国央行实行宽松的货币政策，待疫情稳定后，货币市场利率逐渐回转。截至2020年9月末，广义货币供应量（M2）与社会融资规模增速分别为10.9%和13.5%，较上年同期提高2.5个和2.8个百分点，明显高于上年，融资成本明显下降。近几年具体情况如图5.10所示。

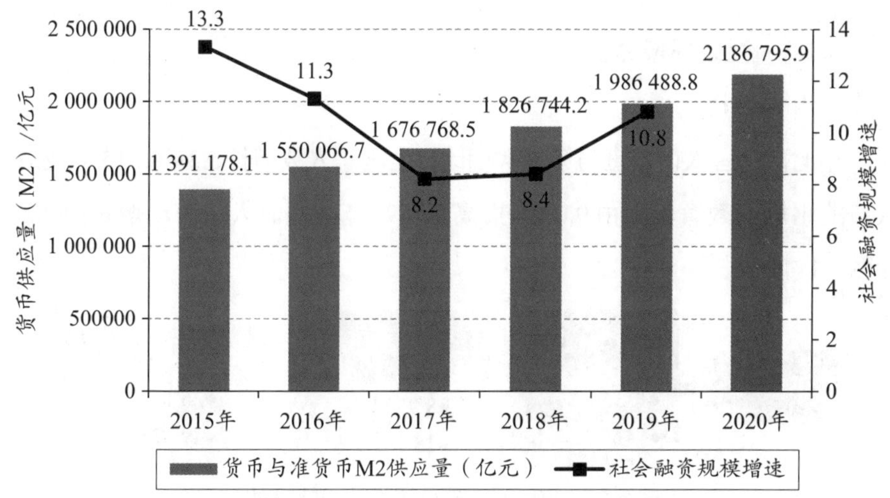

图5.10 2015—2020年货币与准货币M2供应量

（数据来源：国家信息中心）

7. 固定资产投资分析

2021年上半年，我国固定资产投资稳步恢复，投资结构呈现积极的变化。制造业投资增势良好，民间投资逐步回暖；近两年平均增速为3.8%，各地持续深化“放管服”改革，民间投资活跃度提升，在政策支持和利润改善双重推动下，制造业投资有所改善；房地产投资有所回落但韧性依旧，基建投资增速表现疲弱。在三大类投资分化的同时，投资结构也在优化：上半年高技术产业、高技术制造业和服务业投资的两年平均增速有明显提升。

总体看，2021年上半年固定资产投资整体符合预期，投资增速逐月加快，民间投资、高新技术、社会民生、补短板等领域投资呈现结构改善和优化，投资在经济稳增长中发挥了关键性作用。

8. 扩大内需，进一步激发消费潜力

疫情虽然已经稳定，但我们不能因此放松，我们要扩大内需，从而激发消费潜力，改善人们生活品质，还需要注重投资对经济的拉动作用，吸引外来投资，加大基础设施投资力度等，消费潜力的增加，人们社会品质的提高，必将带动房地产市场的发展。

5.1.3 社会环境分析

1. 人口规模

第七次全国人口普查与第六次相比，全国总人数增长5.38%，15岁及以上人口的平均受教育年限由9.08年提高至9.91年。同时人口流动增长88.52%。如图5.11所示。

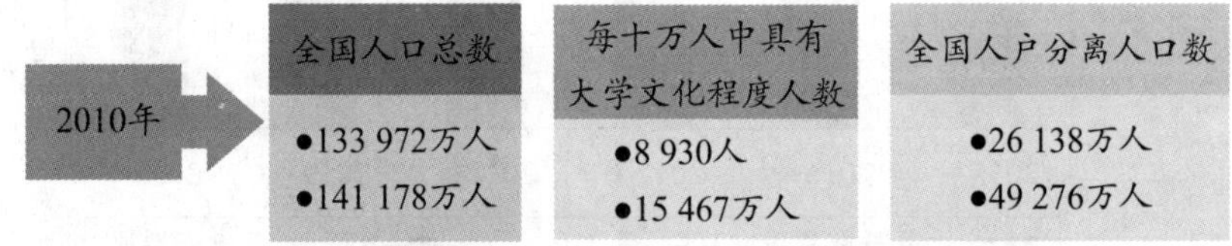

图5.11 2010年与2020年人口情况对比

（数据来源：国家统计局）

其中年龄、性别等具体情况如表5.2所示。

表5.2 2020年人口数及其构成表

指标	年末数/万人	比重/%
全国总人口	141 178	100.00
其中：城镇	90 199	63.89
乡村	50 979	36.11
其中：男性	72 334	51.24
女性	68 844	48.76
其中：0~14岁（含不满15周岁）	25 338	17.95
15~59岁（含不满60周岁）	89 438	63.36
60~65岁（含不满65周岁）	26 402	18.70
65岁及以上	19 064	13.50

（数据来源：国家统计局）

2. 就业规模及结构

2020 年我国城镇新增就业人数大幅下降。据统计，我国新增就业人数从 2019 年的 1 352 万人下降至 2020 年的 1 186 万人，同比下降了 12.28%。受人口数量不断增加及新冠疫情的影响，2020 年我国城镇失业人员再就业人数下滑程度也较大，相较 2019 年减少了 35 万人，同比下降了 6.41%。2015—2020 年具体新增就业人数如图 5.12 所示。

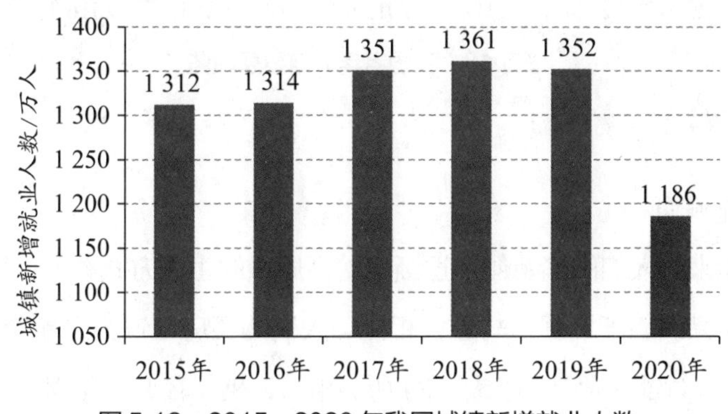

图 5.12　2015—2020 年我国城镇新增就业人数

（数据来源：国家统计局）

3. 人口增加会带动房地产的市场需求

房地产市场的潜在容量，直接受到城镇人口数量、分布情况以及流动等的影响。随着二胎政策的实施，社会家庭结构变化，家中人数增多，一定程度上会增加大户型房地产的需求，同时随着城镇人口数量的增加，人口流动量必然增大。

4. 人口老龄化形势加重

预计在 2030 年左右，我国老年化会加速发展，我国逐渐进入后城市化时期，受人口高龄化及空巢人口数量的影响，老年人考虑改善老年生活质量，对于养老房的需求会凸显，尤其注重小区生活的舒适程度、小区绿化环境等。我国老年人口发展趋势如图 5.13 所示。

图5.13　我国老年人口发展趋势

（数据来源：国家统计局）

5. 消费倾向

近几年来，人们的消费倾向逐渐向着高质量的生活方式转变。第一，人们的健康环保意识逐渐增强，与过去相比，人们购买房地产更是希望得到绿色、环保、节能、智能化等适合人居的住所。第二，越年轻、文化程度越高、收入越高的居民对于户型设计、周边人文环境、物业管理、建筑风格、智能化水平、配套娱乐设施等因素的关注程度越高；年龄越大、文化程度越低、收入越低的居民，则对房屋面积、房屋朝向、价格等因素的关注程度越高。第三，社会心理的影响。从众心理、求实心理、求异心理、攀比心理等这些因素的影响对于房地产企业来说，既是艰巨的挑战，也是从众企业中脱颖而出的机会。

6. 供给需求端矛盾

供给端："三道红线"试行背景下，房企资金压力及销售去化压力进一步显现，新开工积极性难有明显提升，整体新开工规模或将延续调整态势。需求端：房地产行业信贷环境收紧，出现了"想贷款买房，却贷不到款"的情况，或将推动需求释放更趋理性。

7. 户籍改革制度、推进就近城市化进程

"十四五"规划提出推进以县城为重要载体的城镇化建设，我国常住人口城镇化率受户籍制度的影响从60%提升至65%，同时据专家预测未来5年还有4%的增长空间，为房地产市场发展提供坚实的需求。

8. 市场规模

2021年全国房地产市场规模将在高位小幅下降，价格稳中有升。“房住不炒”、因城施策等调控主基调将延续，受行业信贷环境整体趋紧及大规模棚改退场等因素影响，需求将更趋理性，全国市场规模将在2020年高位基础上小幅回落。

5.1.4 技术环境分析

1. 技术赋能消费营销

地产营销转移战线，重塑营销信息生产机制，并推出线上看房功能。房地产行业线下售楼部受疫情的冲击，为了保证经济的发展，地产行业在报纸、电视等传统媒体上，以宣传企业品牌树造和楼盘形象传播为主，而在微信、微博、新闻媒体app及各大房产公司推销app上，将户型、样板间等信息以图片、3D模型、VR、视频等方式呈现给有需求的客户，这一方式可以为客户带来沉浸感和互动性。另外，某些企业的房源推售app陆续推出VR看房，通过样板间实拍，使客户在家也能感受样板间，给客户带来更好的消费体验，快速实现商品房预售，缓解资金压力。

2. 住宅产业化

现在房地产市场正在向着以产业化住宅发展为主、个性化定制产品为辅、多形式并存格局的方向发展，随着人口红利的减少，环境资源压力的不断增大，工业专业化代替传统工业的生产方式是大势所趋，通过住宅产业化减少环境资源压力和提高效率是建筑业发展的主流趋势。

住建部发布的《绿色建筑创建行动方案》明确指出，2022年我国装配式建筑行业覆盖率要达到70%以上。从装配式建筑的优点上来看，主要表现在受气候因素制约小，建造工期缩短，对房地产企业来说变现速度加快，能实现资金的高周转，较少债务融资压力。

对以上全国房地产市场进行PEST分析总结（指宏观环境分析），具体分析情况如表5.3 所示，市场总结显示房地产市场的发展在大方向上是有利房地产中小企业持续良性发展，有利于房地产中小企业债务融资来源渠道的不断拓宽。

表5.3　房地产市场情况 PEST 分析表

指标	特点分析
政治分析 P	坚持“房住不炒”的总方针不变；加强“三道红线”控制融资风险力度
经济分析 E	投资成为经济增长主动力，中央实行宽松的货币政策，固定资产类的投资恢复到疫情以前，并在逐渐增长，为企业融资带来机遇
社会分析 S	我国人口比例大幅提升，城镇人口占比较大。就业率稳步提升，人们消费日趋环保、智能，开发对路产品有利商品房预售
技术分析 T	我国产业结构不断优化，高新技术产业呈良好发展态势，加快发展新业态、新模式，缩短开发时间，节省资金占用时间

5.2　湖南房地产市场情况分析

5.2.1　湖南省房地产政策因素影响

1.“湘十一条”出台

2018 年出台的房地产分类调控、区域联动调控的“湘十一条”调控新政，值得关注的亮点体现在如下几点上：

(1) 实施楼市分类调控、区域联动调控。实施楼市分类调控，长沙以外市州和县市，按照商品化住宅去化周期的长短实施对应政策，以应对各地去化率不同的状况；实行区域联动调控，以防止长沙的“溢出效果”冲击和影响周边地区。

(2) 因地制宜推出棚改货币化安置。商品住宅库存去化周期低于 15 个月的地区，应当限制货币化安置，采取棚改安置房代替，而商品库存量大的地区则可以继续推进棚改货币化安置。

(3) 完善住房公积金信贷政策。商品住宅库存化去化周期低于一年的地区，应当提高住房公积金的贷款首付比例，停止第三套及以上使用公积金贷款，其中，商品住宅库存去化周期低于半年的地区，第二套住房建筑面积超过 144m^2 的，应暂停发放住房公积金。

（4）规范二手房市场、打击投机炒房。将二手房与新建商品房统一纳入市场监测、监管和调控范围，落实二手房交易合同的网签备案制度，积极推行“三价合一”，严厉打击“阴阳合同”和“高评高贷”现象；坚决打击投机炒房，加强房地产市场执法检查，要坚决查处、曝光一系列扰乱市场秩序的行为，同时，制定出台房地产市场主体“失信黑名单”管理办法，联合省委有关部门印发了治理房地产市场乱象专项行动方案。

（5）严厉打击自媒体渲染房价上涨行为，落实稳定楼市主体责任。加强舆论引导和预期管理，加强政策解读，引导居民理性置业，加强房地产市场信息公开度，严厉打击利用自媒体公众号渲染房价上涨。各地要积极承担起稳定房地产市场的责任，加强对房地产市场的研判，根据“一市一策”“一县一策”的原则，因城、因时施策，综合运用多种手段管理调控房地产市场。

2. 2020年湖南省多举措促进房地产市场平稳发展

经历新冠疫情的严峻考验，湖南省建立起完善房地产调控的长效机制，保持房地产调控政策的持续性，并通过“三稳”确保房地产市场的健康发展。

（1）优化调整省市公积金政策。2020年2月14日，省直单位住房公积金管理中心印发《关于应对新冠肺炎疫情调整住房公积金部分政策的通知》，对于在疫情防控期间不能正常偿还住房公积金贷款的(包括疫情防控一线人员、感染新冠肺炎住院治疗人员、需要隔离人员等)，不做逾期处理、不计罚息。

（2）长株湘郴（长沙、株洲、湘潭、郴州）四市试点“交房即交证”。《关于开展“交房即交证”改革试点工作的通知》明确规定，努力构建可复制的新建商品房“交房即交证”工作模式，在2021年底前形成全省齐头并进的工作格局。

（3）保障企业开复工，发布“湘九条”。2020年3月17日，湖南住房和城乡建设厅下发《关于切实做好新冠肺炎疫情防控期间企业开复工工作的通知》。从加强商品房预售许可监管，顺延工期及资质、资格有效期，加大住房保障力度，实施住房公积金阶段性扶持政策，开通项目审批“直通车”，建立招投标“绿色通道”等九方面，要求市、州住建部门加强对疫情防控期间企业经营的监测分析和指导服务，加强对新建、改建、扩建项目开复工的监管，强化疫情防控措施落实，有序推动企业和项目开复工，并为企业纾解困难。

3. 2021 年政府发力精准调控，借助长效机制稳定市场

2021 上半年，“房住不炒”依旧是政策端的主基调。一系列政策陆续出台，从多个维度规范行业秩序，促进市场平稳健康发展。

（1）公积金深化改革，稳定市场基调。在楼市调控总体基调不变的前提下，由于公积金政策与信贷政策紧密相连，湖南通过一系列公积金政策的“组合拳”，充分保障市民的刚需和改善型置业需求。6 月 28 日，省直、长沙、株洲、湘潭住房公积金管理中心在长沙签订长株潭住房公积金一体化发展合作公约，实现“互认互贷”，为长株潭一体化聚焦人才，促进房地产市场平稳发展。

（2）商品房建设税费改革调整。2021 年湖南省办理房地产开发与不动产证相关政策的持续优化，主要体现在房产交易中各种税费的调整。分别对房地产开发中各环节的税费、商品房及二手房不动产证需要缴纳的税费进行综合改革调整，涉及税费项目有契税、登记手续费、房屋专项维修基金、增值税、个人所得税、土地收益金、报建费等等，整体降低了税费标准并优化了收费流程和时间，提高了各方效率。

2021 年湖南省房地产行业主要的变动在于相关税费的收取上，主要的变动原因是国家的房地产政策调整，在国家贯彻“稳中求进”的总基调下，房地产开发与购置房地产方面都受到各种政策的倾斜，使得现在的房地产开发销售流程减少了很多的不必要费用，加快资金回笼。

5.2.2 湖南省房地产经济因素影响

1. 地区生产总值及企业购置土地情况

由湖南省地区 GDP 统一核算结果可知，2020 年地区 GDP 达到 41 781.5 亿元，比上年增长 3.8%。其中，第一产业增加值 4 240.4 亿元，同比增长 3.7%；第二产业增加值 15 937.7 亿元，同比增长 4.7%；第三产业增加值 21 603.4 亿元，增长 2.9%。三次产业结构为 10.2∶38.1∶51.7，如图 5.14 所示。

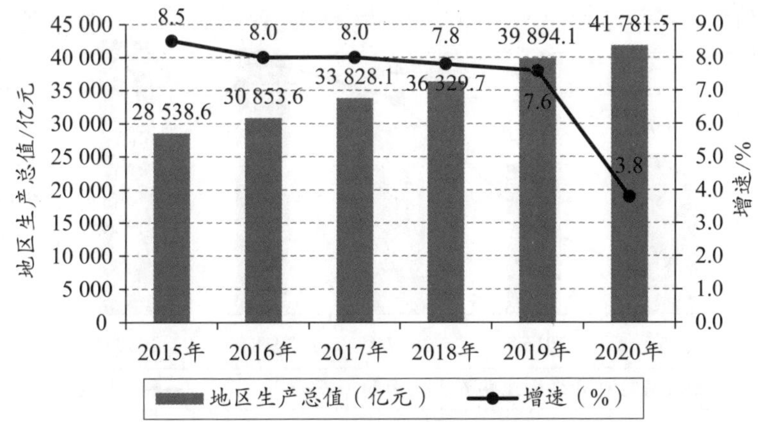

图 5.14　2015—2020 年地区生产总值及其增长速度

（数据来源：湖南省统计局）

由地区 GDP 统一核算结果可知，2010—2020 年湖南省 GDP 增长呈稳步向上的趋势，并于 2020 年超过 4 万亿元，如图 5.15 所示。

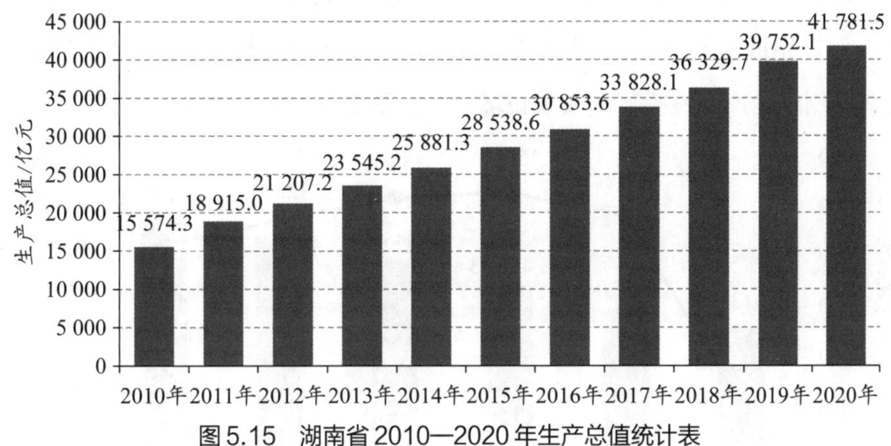

图 5.15　湖南省 2010—2020 年生产总值统计表

（数据来源：湖南省统计局网站）

2018 年湖南省房地产开发企业购置土地面积达 1 428.57 万 m^2；2019 年房地产开发企业购置土地面积达 1 475.97 万 m^2，同比上涨 3.3%。如图 5.16 所示。

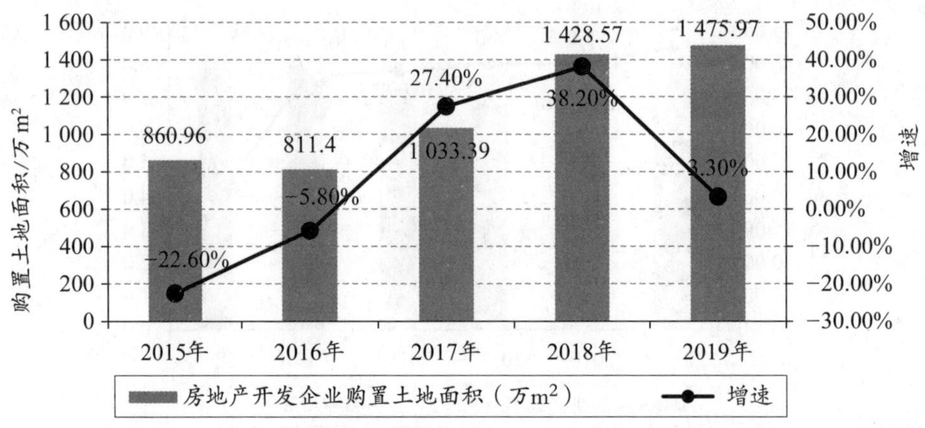

图 5-16　2015—2019 年湖南省房地产开发企业购置土地面积及增速走势

（数据来源：湖南省统计局网站）

2. 湖南省房地产投资分析

2019 年，湖南房地产开发投资达 4 445.47 亿元，同比增长 13%。1—12 月，全省完成房地产开发投资达 4 880.44 亿元，同比增长 9.8%。分地区看，所有市州房地产开发投资均实现正增长，如图 5.17 所示。

图 5.17　2015—2020 年湖南省房地产开发投资增速

（图片来源：湖南省统计局网站）

其中 2019 年湖南省住宅投资达 3 197.35 亿元，同比增长 16%，占房地产开发投资的比重为 71.9%；2020 年住宅完成开发投资达 3 615.06 亿元，同比增长13.1%，占房地产开发投资的比重为74.07%，如图5.18所示。

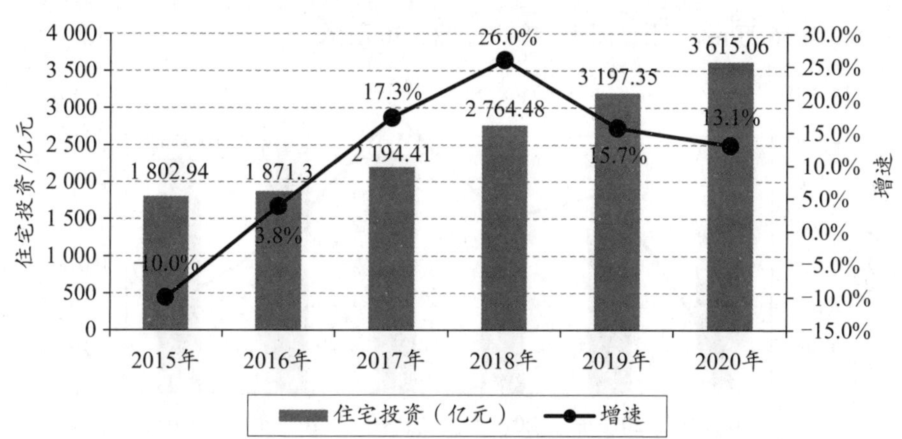

图5.18　2015—2020年湖南省住宅投资增速

（数据来源：湖南省统计局网站）

3. 湖南省房地产企业房屋施工、新开发、竣工面积及增速

2018年湖南省房地产开发企业房屋施工面积达3.58亿m^2，同比增长12.9%；2019年湖南省房地产开发企业房屋施工面积达4亿m^2，同比增长11.9%；2020年，全省房地产施工面积达40 757.41万m^2，同比增长1.8%，如图5.19所示。

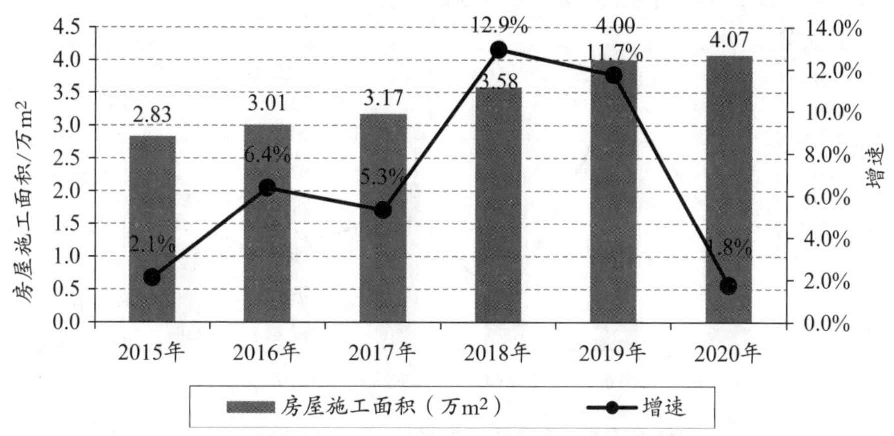

图5.19　2015—2020年湖南省房地产开发企业房屋施工面积及增速

（数据来源：湖南省统计局）

2018年湖南省房屋新开工面积达11 128万m^2，同比增长35.1%；2019湖

南省房屋新开工面积达 11 933 万 m^2，同比增长 7.2%；2020 年房屋新开工面积达 10 916.16 万 m^2，同比下降 8.5%，如图 5.20 所示。

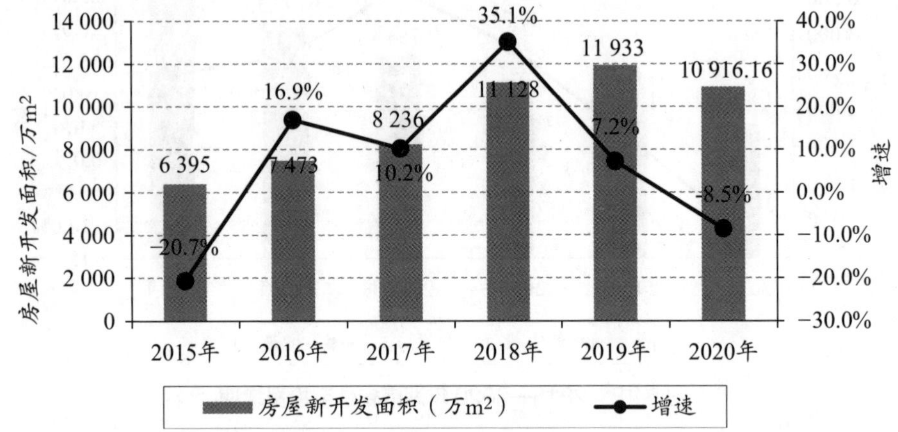

图 5.20　2015—2020 年湖南省房地产开发企业房屋新开发面积及增速

（数据来源：湖南省统计局）

2018 年湖南省房屋竣工面积达 4 161 万 m^2，同比增长 1.9%；2019 年，湖南省房屋竣工面积达 3 975.24 万 m^2，同比下降 4.5%。2020 年房屋竣工面积达 3 963.94 万 m^2，同比下降 0.3%，如图 5.21 所示。

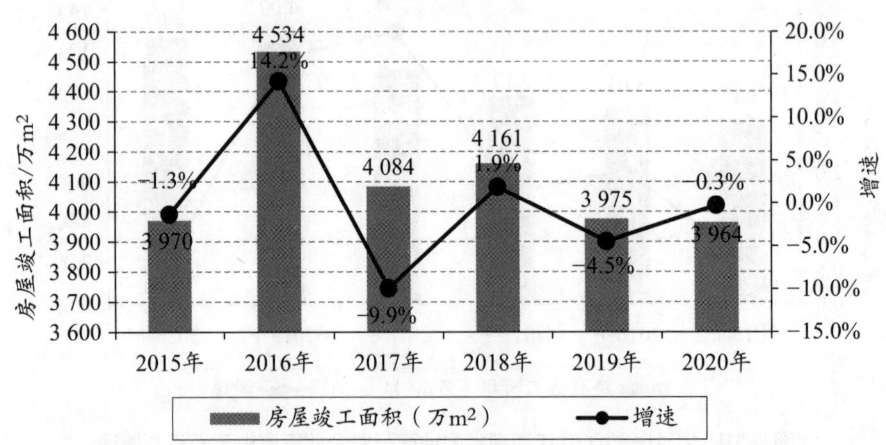

图 5.21　2015—2020 年湖南省房地产开发企业房屋竣工面积及增速

（数据来源：湖南省统计局）

4. 湖南省商品房的销售面积

2019 年湖南省商品房销售面积 9 104 万 m^2，同比下降 1.5%；2020 年全省新建商品房销售面积达 9 437.44 万 m^2，同比增长 3.7%，如图 5.22 所示。

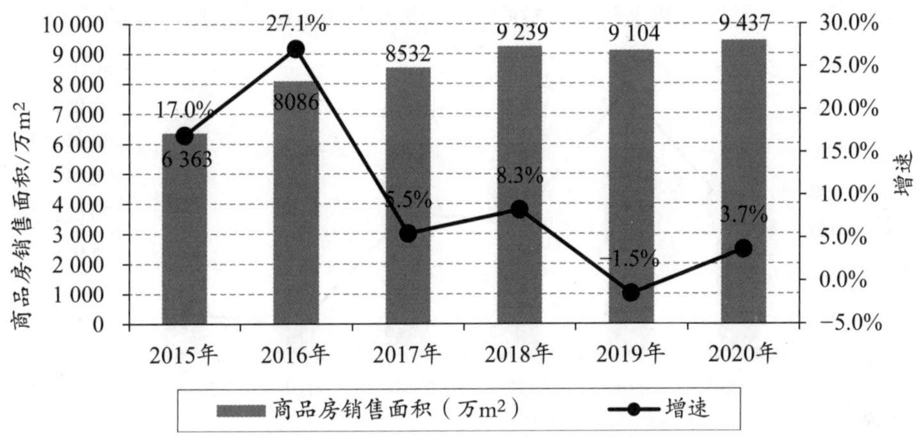

图 5.22　2015—2020 年湖南省商品房销售面积及增速

（数据来源：湖南省统计局）

湖南省将落实房地产长效管理机制，稳定房地产投资和销售。2018 年湖南省商品房平均销售价格为 5 795 元 /m^2，2019 年湖南省商品房平均销售价格为 6 127 元 /m^2，同比上涨 5.7%；2020 年，全省商品房销售均价为 6 302 元 /m^2，如图 5.23 所示。

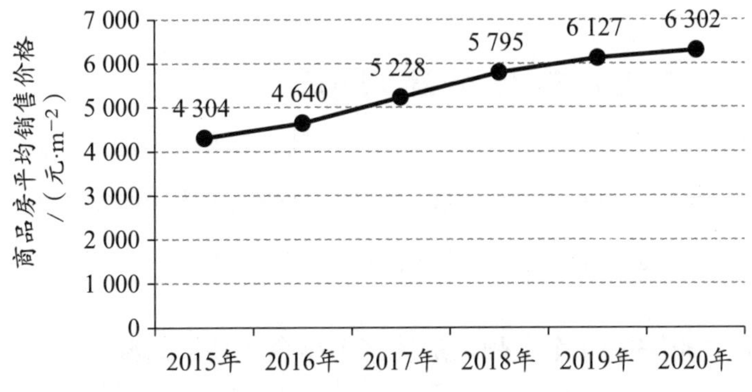

图 5.23　2015—2020 年湖南省商品房平均销售价格走势

（数据来源：湖南省统计局）

5. 湖南省商品房销售总额

2019年湖南省商品房销售额达5 578亿元，同比增长4.2%。其中，住宅销售额增长7.9%，办公楼销售额下降10.5%，商业营业用房销售额下降9.6%。2020年新建商品房销售额达5 947.06亿元，同比增长6.6%，如图5.24所示。

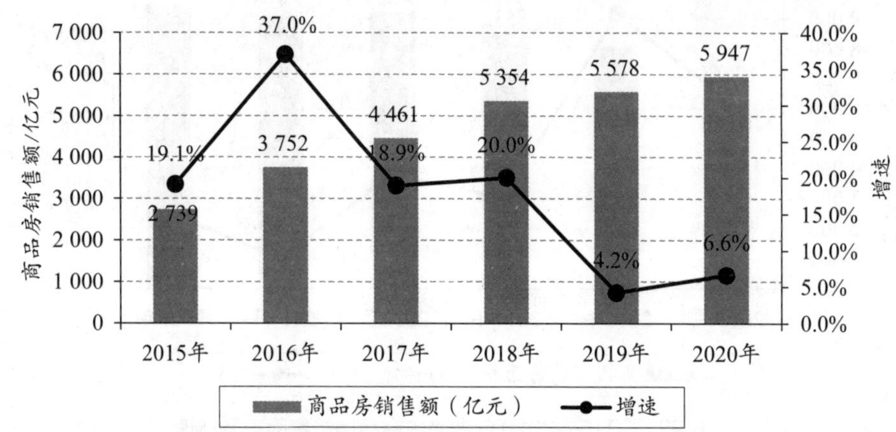

图5.24　2015—2020年湖南省商品房销售额及增速

（数据来源：湖南省统计局）

综上所述，湖南省房地产经济正在稳步恢复和发展，主要呈现三方面特点：稳定的房地产市场基础持续巩固，区域调控的优势特征更加明显，新型政策的动能发展不断积蓄。因此湖南省的房地产市场环境适合房地产中小企业百花齐放，若能进一步做好债务融资来源结构优化对企业来说更是锦上添花。

5.3　湖南省房地产中小企业情况分析

我们通过走访湖南省住建厅、住房产业处、湖南省房地产协会，有关地州市房地产管理局、住建部门及房地产协会，并通过企查查收集相关资料进行整理分析，得到有关湖南省房地产中小企业的结论如下。

5.3.1　湖南省14个地州市房地产中小企业基本概况

1. 湖南省各地州市房地产中小企业个数

一般情况下，大型房地产企业会选择经济发展水平较高、地理位置优良或者距离省会城市较近的地州市拿地开发，而中小企业要想有更好的空间发展，避免受到同类企业的竞争影响，一般会选择在经济待发展或正在发展的地州市拿地开发，如图5.25所示，可以看出城市发展程度越高，房地产中小企业分布个数反而越少。

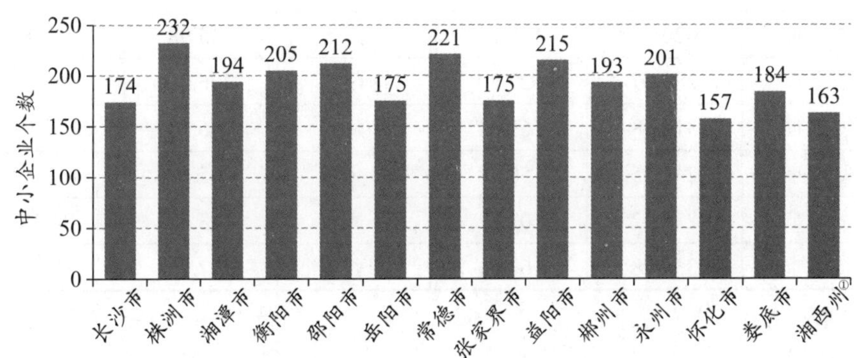

图5.25　湖南省14个地州市房地产中小企业个数

（部分数据来源：湖南省统计年鉴）

2. 湖南省各地州市房地产中小企业投资额

2020年，湖南省房地产总投资额为4 880.44亿元，其中长沙市为1 868.41亿元、株洲市为420.21亿元、湘潭市为282.07亿元，据不完全统计其中各中小企业占比分别为长沙市675.05亿元、株洲市178.25亿元，湘潭市127.29亿元等，占比图与具体投资额分布如图5.26和表5.4所示。

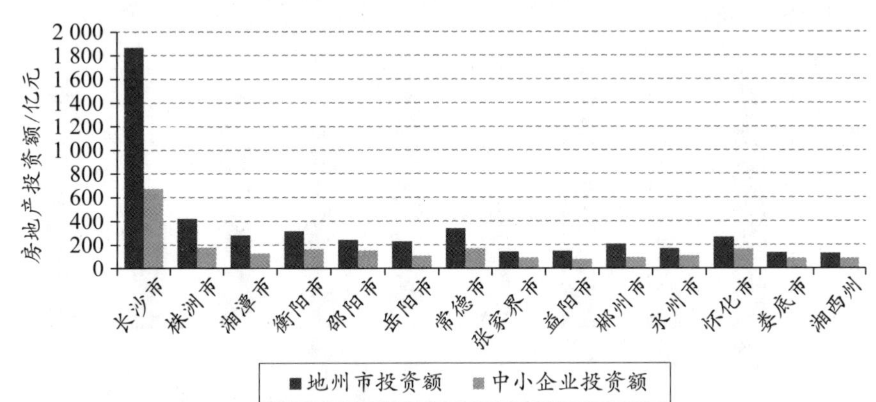

图5.26　湖南省房地产中小企业投资占比图

（部分数据来源：湖南省统计年鉴）

① 湘西州全称为湘西土家族苗族自治州。

表 5.4　湖南省 14 个地州市房地产中小企业投资额分布表

地州市	地州市投资额 / 亿元	中小企业投资额 / 亿元	地州市	地州市投资额 / 亿元	中小企业投资额 / 亿元
长沙市	1 868.41	675.05	张家界市	139.95	91.59
株洲市	420.21	178.25	益阳市	145.98	77.58
湘潭市	282.07	127.29	郴州市	206.31	94.55
衡阳市	314.48	161.04	永州市	166.83	107.30
邵阳市	241.15	150.28	怀化市	265.02	162.11
岳阳市	228.42	107.72	娄底市	133.67	84.38
常德市	339.98	167.81	湘西州	127.96	85.36

（部分来自湖南省统计年鉴）

3. 湖南省房地产中小企业资金来源情况

我们多次调查走访了长沙、益阳、岳阳、株洲等市，总计 32 家房地产中小企业，每个地州市 8 家，对它们的资金情况展开详细调查，经过第一轮预调查了解到房地产中小企业具体资金来源为 9 个渠道：自有资金、房地产预售、民间借贷、施工方垫资、银行借款、债券融资、商业信用融资、委托贷款、其他贷款。

(1)4 市 32 家企业资金来源渠道分布情况。经过调查统计发现，自由资金、房地产预售、民间借贷、施工方垫资、银行借款为企业资金来源的五种主要方式，如图 5.27 所示。

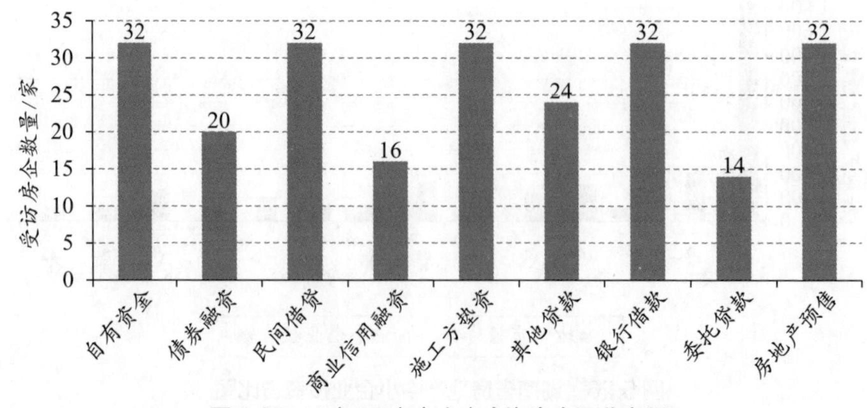

图 5.27　4 市 32 家中小房企资金来源分布图

（部分数据来源：湖南省统计年鉴）

(2)4市32家房地产中小企业资金占比分析。在进一步的调查分析中，发现这32家房地产中小企业9种主要资金来源中，自由资金占比最高达到28%，房地预售达到27.09%、其次是民间借贷14.99%、施工方垫资11.65%，银行借款9.26%，债券融资、商业信用融资、委托贷款、其他贷款四类资金来源总计占比9%，如图5.28所示。

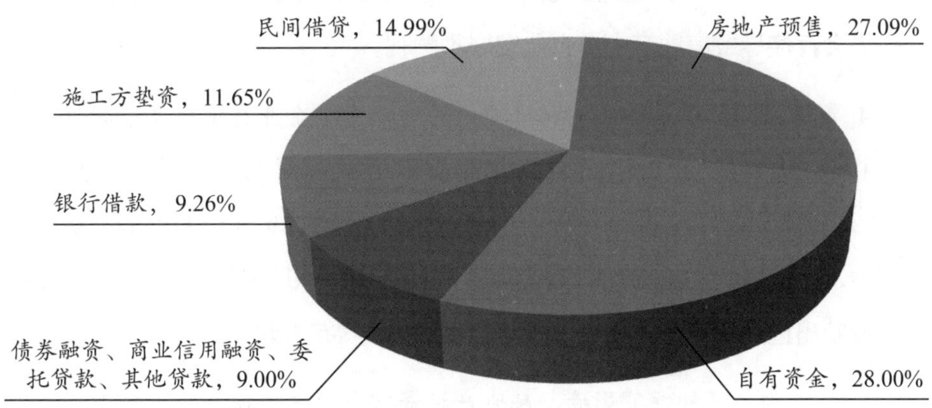

图5.28　4市32家房地产中小企业资金占比图

(部分数据来源：湖南省统计年鉴)

5.3.2　湖南省房地产中小企业发展中面临的问题

1. 房地产中小企业各类成本上升，中小企业生存压力增大

一是人员工资不断提高，人工费花销不断增加；二是钢材、水泥、玻璃等建材价格持续上涨；三是随着人们对生活环境要求的不断提升，需要采用现代化建造技术，如新建住宅采用装配式、精装修、绿色智能、适老化的设施等措施，住宅品质在工艺、技术上有提升，导致建造成本也有增加；四是为了应对市场的竞争，需要花费更多的财力物力去宣传与推销。

2. 受政策调控等影响，房地产中小企业资金压力不断提升

2020年末，湖南省房地产开发企业平均实收资本仅1 420万元，60%的实收资本在1 000万元以下，只有4.8%的企业实收资本超过5 000万元。由于房地产企业中小自有资金少，因此对外来资金的依赖程度很高。据调查，湖南

省房地产中小企业自筹资金只有约28%，大约70%以上资金通过房地产预售、施工方垫资、民间借贷等途径实现。

3. 房地产中小企业难吸引核心人才，导致产品缺乏竞争力

众所周知，沿海城市得天独厚的发展优势，会不断地吸引高端技术人才，而湖南本土房地产中小企业因规模小、待遇低在吸引人才方面难有优势，人才的缺失会直接导致房地产中小企业发展不顺利。

4. 市场商品房供过于求，相比较下房地产中小企业去化难度增加

相较2019年，2020年同期商业营业用房空置面积只占总空置面积的20.41%，说明商业营业用房空置面积增长较快；至2019年12月底商品房空置面积中，待销房屋占46.27%，滞销房屋占23.19%，积压房屋占2.54%，诸多数据皆反映出近几年商品房去化率不高，已经出现“有人建、无人买”的情况。

5. 受限购、限贷政策影响，房地产投资需求的热情也有所下降

近几年政府秉持“房住不炒”的总基调，严厉执行限购、限贷政策，居民投资性购房需求降低；同时，产品溢价能力不断下降，即使降价促销消费者采购也并不踊跃。

6. 房地产中小企业营销的观念落后，营销手段落后也缺乏创造性

我国有很大一批房地产中小企业的市场营销仅仅只是对以往经验的重复，其过程缺乏科学性和针对性；同时，有的房地产中小企业对市场营销的认识比较片面，信息渠道窄，对市场的开拓力度不够，最终导致营销手段落后，楼盘去化率不高，直接影响企业效益。

7. 管理方式不当，管理模式生搬硬套

大部分房地产中小企业管理制度不健全，部分房地产中小企业没有建立完整、规范的企业管理制度。此外，重项目轻管理，使得房地产中小企业往往将企业管理片面地理解为管理某一项目，重项目轻管理的经营模式导致在市场形势走低的情况下，经营业绩会直线下降，甚至会由此而破产。

5.3.3 湖南省房地产中小企业理性发展的方略

1. 实施联合开发或者重组战略，有效整合资源，提高企业竞争力

房地产中小企业可以利用各自的优势资源，共同开发一个或多个项目，促进共同发展，确定多方融资方案，保证项目资金链不会由银行信贷主导。对于房地产企业资质等级偏低，规模小，可以通过联合、兼并、收购、托管等资产重组方式，组建较大的房地产企业集团，综合多种企业组织形态的优势，组建一个高执行力、领导力、决策力的管理团队和一支专业性极强的销售管理队伍。

2. 突破债务融资瓶颈问题，拓宽融资来源渠道

中小房企需要改变运营模式，通过调整企业结构，不断扩大企业的涉猎面，分散投资的风险，扩宽融资渠道，如通过集合票据融资和短期融资券丰富融资品种等，在不断扩宽融资渠道的同时，还需发展自身实力，提升抗风险能力。

3. 多手段、多方面吸引核心人才

核心人才掌握关键知识和技术，对房地产中小企业的生存和发展尤为重要。为吸引和留住他们，企业首先要建立科学的用人机制，做到人尽其才，才尽其用；其次，应关心员工的家庭和生活需要，让其感受到来自企业的温暖；最后，应建立具有竞争力的市场化薪酬体系，让员工能从企业发展中获得切实的物质利益。

4. 深度解读政府政策，挖掘可能存在利润的市场空缺

在社会大环境下，不同阶层的人收入水平参差不齐，为保障民生，政府在政策上大力限制房地产过热发展，采取一定的降温调控政策，如此房地产中小企业更要关注市场需求，应该为城市中低收入人群提供住房保证，在营利的同时关注社会效益，从最大程度上促进整个社会的健康发展。

5. 应该加大市场调研考察客户需求，实行产品差别化策略

房地产中小企业应该把自己的注意力从经销商身上转化到顾客身上来，在消费者和企业间建立一个完整的便于沟通的营销体系，对能有效发挥企业特

长的市场空间实行重点投资、密集型经营，走专业化经营道路，提高市场占有率；同时，根据地方特色文化，提高产品竞争力，保证产品质量，建立完整的产品质量保证体系。

6. 拓宽营销渠道，开展网络营销和媒体营销

在“互联网+”的时代背景下，营销人员可以充分利用互联网的优势，利用互联网开展网络宣传和推广活动，利用微博、社交网站或app开展宣传和公关活动。同时，与媒体合作，注重品牌营销，将宣传品牌的各类广告媒体按适当的比例合理地组合使用，刺激消费者购买欲望，树立和提升品牌形象。

7. 创新运用现代化管理方式，提升企业的管理效率

要实现管理方式的创新，首先需要强化自身的创新意识，尤其是企业管理者需要密切关注市场的发展动向，结合新形势所面临的机遇与挑战，充分引入先进的管理理念、技术发展线路、先进管理模式等，以保证企业的稳定发展；其次，加强制度创新，根据实际管理工作内容实施调整，重视企业投资管理机制的创新，决策前应充分调查市场。

5.4　本章小结

本章首先在政治、经济、社会、技术环境等4方面分析了全国房地产市场；然后就湖南省房地产政策因素、经济因素相关指标分析了湖南省房地产市场；最后就湖南省房地产中小企业情况进行分析，得到结论如下。

（1）就全国房地产市场来说，出现了利好及平稳发展态势。由于我国坚持“房住不炒”总基调不变；同时加强“三道红线”融资风险管控力度，房地产企业融资会更加趋于规范操作和公开透明；同时房地产继续投资是经济增长的主动力，中央实行宽松稳健的货币政策，有利于房地产企业特别是中小企业债务融资的发展；我国三胎政策将促进人口增加，城镇化速度加快，产业结构不断优化，房地产新业态、新模式不断发展，加之国家日益繁荣昌盛，将会全面出现房地产市场利好状态，有助于房地产企业及企业融资的持续和增长发展。

（2）就湖南省房地产市场来说，“三稳”政策一直在贯彻。稳地价、稳房价、稳预期的“三稳”政策在湖南得到很好的实施，“湘十一条”等配套政策有利于湖南省发力精准调控，长效机制建立，实现了企业购置土地，房地产开发投资增速，房屋施工、新开发、商品房销售面积，销售总额、房价的整体均衡发展。

（3）就湖南省房地产中小企业情况来说，市场占比份额高、潜力大，融资压力大。我们通过各种市场调查方法，分析湖南房地产中小企业概况，了解其企业个数，了解其各地州市房地产中小企业投资额占比、资金来源情况、资金占比等内容，发现融资问题是企业发展的主要瓶颈。然后就湖南省房地产中小企业发展中面临的问题及理性发展方略做出探讨。

第6章　基于企业风险控制的房地产中小企业来源结构优化

本章对房地产中小企业债务融资不同来源的融资成本和资金到位率及风险角度展开分析；结合模糊层次分析法对债务融资不同来源的相对重要性进行评判，利用目标规划模型分析湖南省有关代表性房地产中小企业的最优债务融资来源结构；实证研究结果表明，房地产中小企业应优化债务融资来源结构，以降低融资成本和融资风险并提高融资效率。本章共分为5节：6.1节为房地产中小企业来源结构理论分析，分析房地产中小企业债务融资来源及其方式，讨论债务融资效率内涵和评价；6.2节为基于模糊层次法的房地产中小企业来源结构研究方法设计：采用模糊层次分析法对债务融资不同来源的相对重要性进行分析；并构建多目标规划模型进行债务融资来源结构优化设计；6.3节为基于多目标规划模型的房地产中小企业债务融资来源结构实证研究——以湖南省有关代表性企业为例：首先进行样本选取与数据来源分析，其次进行描述性统计，再次运用模糊层次法分析结果，最后以湖南省有关代表性企业数据为依据，采用多目标规划模型进行最优债务融资来源结构实证分析；6.4节为对房地产上市个案企业债务融资来源结构进行比较分析；6.5节为本章小结。本章通过实证分析得知：要想提高房地产中小企业债务融资效率，合理控制企业风险和融资成本，进行债务融资来源结构优化是其有效的途径之一。

6.1 房地产中小企业来源结构理论分析

6.1.1 房地产中小企业债务融资来源及其方式

债务融资一般是指通过向银行或非银行金融机构贷款、发行债券以及利用商业信用借款等方式融入资金。由本书第5章调查分析统计可知，房地产中小企业其债务融资来源主要分为银行借款、房地产预售、施工方垫资以及民间借贷融资四种方式。

(1) 银行借款是指房地产中小企业向银行以还本付息为条件取得资金使用权的融资方式。由于抵押贷款能有效降低银行风险，因此为房地产中小企业银行贷款主要形式之一，且大部分为短期贷款，贷款时间通常与项目建设时间相吻合，一般不超过3年。

(2) 房地产预售是指房地产中小企业将正在建设中的商品房预先出售给买受人、并由买受人支付定金或者房价款的行为。房地产预售在售房的同时又能起到筹资的作用，且其作为一种债务融资方式无须支付利息，也没有财务风险，在市场情况好的前提下是一种很受追捧的融资方式，也正因为此导致企业过于依赖。

(3) 施工方垫资是指在房地产项目开发过程中，将项目承包给施工单位，并由施工单位垫付开发过程中的部分资金。此举可缓解房地产中小企业临时性的资金短缺问题，但施工方通常会要求一定的利息回报，并相应地提高项目建造价款，且垫资比例一般不超过总建设投资的15%。

(4) 民间借贷融资是指房地产中小企业为筹集项目建设资金，向自然人、法人、其他组织等非经金融监管部门批准设立的从事借贷业务的个人及金融机构进行资金融通的行为。一般融资成本偏高，但能起到短时期融通资金的作用。

房地产中小企业债务融资来源结构主要体现在资产负债表的负债项目中，其表达形式如下：银行借款 S_1，表达形式为短期借款 + 长期借款；房地产预售 S_2，表达形式为预收账款；施工方垫资 S_3，表达形式为应付账款 + 应付票据；民间借贷融资 S_4，表达形式为短期借款。

6.1.2 债务融资效率内涵和评价

由于债务融资来源不同，其所对应的融资成本和融资风险也不尽一致，因此企业在确定债务融资来源结构时，会受到文献综述章节中提到的成本、风险、控制权、融资难易程度、资金利用情况等融资效率因素的影响。通常情况下，可以主要从融资成本、融资风险以及资金利用率三个方面评价企业的债务融资效率。债务融资效率最大化是指企业在不同的债务融资结构基础上，以尽可能低的融资成本和适当的风险承担融入资金，并使得这些资金实现最有效的使用。融资效率是指企业为保证生产运营在融资活动中所表现出的能力和效用，通常可从融资成本、融资风险以及资金利用率三个方面评价房地产中小企业融资效率。

1. 融资成本

融资成本是房地产中小企业为筹措和使用资金而支付的一切费用，主要包括筹集成本和使用成本两部分。其中，筹集成本是企业在资金筹集过程中发生的各项费用，如银行借款的手续费、发行债券的印刷费、资信评估费等。筹资成本为一次性费用，筹集次数越多，融资成本越大，实际操作时在融资总额中直接扣除；使用成本则是指企业因使用资金向资金提供者支付的报酬，如贷款利息以及其他各种利息费用等。

融资成本是反映融资效率高低的重要因素，因此也是企业选择债务融资来源的主要依据。债务融资成本的主要内容为利息，一般情况下利率固定不变，按期支付，且利息费用为税前扣除项目。目前，按照有关规定，房地产企业适用的所得税率为25%。

（1）银行借款融资成本。银行借款成本率主要取决于市场利率水平，以及企业办理贷款过程中支付的审计费用、保险费用等筹资成本。实际中，银行借款利率为财务报表附注中公布的利率，银行筹资费用率一般为0.5%。银行借款融资成本计算公式为

$$K_1 = \frac{(w_s r_s + w_l r_l) \times (1 - T)}{1 - f_b} \tag{6.1}$$

式中，K_1 为银行借款资金成本率；w_s 和 w_l 分别为短期借款和长期借款占银行借款的比例，$w_s+w_l=1$；r_s 为短期借款利率；r_l 为长期借款利率；T 为所得税率，$T=25\%$；f_b 为银行借款筹资费用率，$f_b=0.5\%$。

（2）房地产预售融资成本。房地产预售融资成本实质上是房地产中小企业提前销售而可能发生的价格损失。现房与期房的价格差值即为房地产预售的融资成本，假设房地产预售期为一年，其计算公式便为

$$K_2 = \frac{P_A}{P_F} - 1 \tag{6.2}$$

式中，K_2 为房地产预售融资成本率；P_A 为现房价格；P_F 为期房价格。通常有：

$$P_A = \frac{P_F}{1-r_f} + \frac{P_R}{(1+r)(1-r_f)} \tag{6.3}$$

式中，P_R 为每平方米房地产一年的出租价格；r 为一年期贷款利率；r_f 为风险补偿率。

将式 (6.3) 代入式 (6.2)，可以得到房地产预售融资成本的计算公式：

$$K_2 = \frac{r_f}{1-r_f} + \frac{P_R}{P_F(1+r)(1-r_f)} \tag{6.4}$$

式中，K_2 为房地产预售融资成本率。

（3）施工方垫资的融资成本。施工方为房地产项目开发提供垫资不仅要承担银行利息支出，还需要承担到期无法取得工程款的风险。因此垫资施工比付款施工工程报价更高。施工方普遍能够接受为房地产中小企业垫付合同价 15% 的资金，并且对施工报价的影响约为 1%。施工方垫资的融资成本为

$$K_3 = \left[(1+r)\times(1+1\%)-1\right]\times(1-T) \tag{6.5}$$

式中，K_3 为施工方垫资融资成本；r 为一年期贷款利率；T 为所得税率，$T=25\%$。

（4）民间借贷融资成本。与银行借款融资成本类似，民间借贷融资成本主要为民间利息费用支出以及中间人费用、手续费、律师费和资信评估费等筹资成本。民间借贷融资费用率约为 2%，民间借贷融资成本的计算公式为

$$K_4 = \frac{r_4 \times (1-T)}{1-f_g} \tag{6.6}$$

式中，K_4 为民间借贷融资成本；r_4 为民间借贷利率；T 为所得税率，T=25%；f_g 为筹资费用率，f_g=2%。

2. 融资风险

融资风险是指企业进行融资活动时因资本收益率不确定和借款利率固定而影响企业支付本息能力的风险。房地产中小企业采取债务融资一方面要面临由于企业负债过高，营业利润低于利息费用时需使用自有资金支付利息的经营风险，另一方面还要面临企业因经营亏损而失去偿债能力，不能清偿到期债务导致资金链断裂的财务风险。鉴于利息保障倍数能够充分反映企业息税前利润对债务利息支付的保障程度，因此选用利息保障倍数的倒数作为债务融资风险财务指标，其计算公式为

$$R_i = \frac{I_i}{\text{EBIT}} = \frac{S_i \times r_i}{\text{EBIT}} \tag{6.7}$$

式中，R_i 为第 i 种债务融资来源的融资风险；I_i 为第 i 种债务融资来源的利息费用；EBIT 为息税前利润；S_i 为第 i 种债务融资来源的融资总额；r_i 为第 i 种债务融资来源的利息费用率。

3. 资金到位率

银行借款由于存在补偿性余额，企业不能获得全额借款，但其资金到位率一般偏高于其他方式；房地产预售只能获得房地产价款的 30% 左右的预售款；施工方只能垫付 15% 左右的工程价款；民间借贷融资则可能存在借贷难、利息高的现象。项目资金到位状况对房地产中小企业能否健康发展起着重要作用，如果不能及时筹集到所需资金，可能会发生运营风险。其计算公式为

$$L_i = \frac{S_i}{U} \tag{6.8}$$

式中，L_i 为第 i 种债务融资来源的资金到位率；S_i 为第 i 种债务融资来源的融资总额；U 为投资活动所需资金总额。

6.2 基于模糊层次法的房地产中小企业来源结构研究方法设计

鉴于多目标决策规划方面的优越性，本节采用模糊层次分析法定量评价房地产中小企业不同债务融资来源的重要程度，然后在融资风险尽量小的情况下，以债务融资成本最小为目标来确定房地产中小企业最优债务融资来源结构。

6.2.1 模糊层次分析法

利用模糊层次分析法 (fuzzy analytic hierarchy process，FAHP) 建立判断矩阵，FAHP 包括三个步骤，相关内容笔者在已发专著中有详细论述，这里不一一赘述了，下面结合房地产中小企业债务融资来源重要程度的确定来对此加以说明。[131]

1. 构建递阶层次结构

通常可将递阶层次结构分为目标层、准则层和方案层等三个层次。

(1) 目标层即为决策目标，决策目标为选择最优融资方案。

(2) 准则层为决策时需考虑的因素或决策准则，以融资效率作为评价指标，选取融资成本、融资风险和资金到位率等三个元素为决策准则。

(3) 方案层为决策时的备选方案。根据房地产中小企业不同债务融资来源，方案层包括银行借款、房地产预售、施工方垫资以及民间借贷融资等四个元素。

2. 构建模糊一致判断矩阵

根据财务指标等客观现实定量测度模型中每一层次元素的相对重要性，并利用数学方法赋予权重，形成模糊判断矩阵。融资成本、融资风险、资金到位率等三个准则层元素间的相对重要性，以及各准则下银行借款、房地产预售、施工方垫资、民间借贷融资等四个元素间的相对重要性程度由专家根据财务数据和管理经验进行确定。

对模糊判断矩阵 $(\boldsymbol{B}_{ij})_{3\times3}$ 按行求和:

$$b_i=\sum_{k=1}^{3}B_{ik}\ ,\ i, k=1, 2, 3 \tag{6.9}$$

作数学变换:

$$b_{ij}=\frac{b_i-b_j}{2n}+0.5\ ,\ i,k=1,2,3;\ n=3 \tag{6.10}$$

即可得到模糊一致判断矩阵 $\boldsymbol{b}=(b_{ij})_{3\times3}$。同理，可求得隶属于 B_i 的元素 C_u 的模糊一致判断矩阵 $\boldsymbol{c}=(c_{uv})_{4\times4}$，其中 $u, v=1, 2, 3, 4$。

3. *层次单排序和层次总排序*

通过对判断矩阵进行和行归一化求得权重向量 $\boldsymbol{\omega}=(\omega_1, \omega_2, \cdots, \omega_n)$。式中，

$$\omega_i=\frac{\sum_{j=1}^{3}b_{ij}-1+\frac{n}{2}}{n(n-1)}\ ,\ i=1,2,3 \tag{6.11}$$

层次总排序是指计算方案层各元素关于总目标的排序权重。层次总排序权重向量 $\boldsymbol{W}$ 的计算公式为

$$W_j=\sum_{i=1}^{3}\omega_i\omega_{ij} \tag{6.12}$$

式中，W_j 表示层次总排序权重向量 $\boldsymbol{W}$ 中的第 j 个元素；ω_i 表示第 i 个准则对于总目标的权重；ω_{ij} 表示第 j 个指标对第 i 个准则的权重。构建模糊判断矩阵时各个融资来源的融资效率与总目标为正相关，因此某个融资来源权重越大则表示该融资方案越重要。

6.2.2 债务融资来源结构优化设计

假设债务融资总额为 D，银行借款、房地产预售、施工方垫资和民间借贷融资比例分别为 w_1、w_2、w_3 和 w_4，流动资产为 L，则债务融资总成本 K 和总风险 R 分别为

$$K=\sum_{i=1}^{4}w_iK_i\times D \tag{6.13}$$

$$R=\frac{\sum_{i=1}^{4}S_i\times r_i}{\text{EBIT}}=\sum_{i=1}^{4}w_ir_i\times\frac{D}{\text{EBIT}} \tag{6.14}$$

式中，K_i 为第 i 种债务融资成本；I_i 为第 i 种债务融资来源的利息费用；S_i 为第

i 种债务融资余额；r_i 为第 i 种债务融资利息率。

基于此，构造房地产中小企业债务融资效率最大化的目标规划模型：

$$\min K = \sum_{i=1}^{4} w_i K_i \times D \tag{6.15}$$

$$\text{s.t.}\begin{cases} \sum_{i=1}^{4} w_i r_i \times \dfrac{D}{\text{EBIT}} \leqslant 1; \\ \sum_{i=1}^{4} w_i = 1; \\ 0 < w_i < 1 \end{cases}, i=1, 2, 3, 4 \tag{6.16}$$

利用 MATLAB 7.0 求解该多目标规划模型，即可得到债务融资来源的最优比例（w_1，w_2，w_3，w_4）。

在融资效率最大化背景下，债务融资目标是息税前利润至少能够保证债务利息的支付，且融资总成本尽可能小，即要求：

$$\sum_{i=1}^{4} w_i r_i \times D \leqslant \text{EBIT} \tag{6.17}$$

因此，可设置条件约束：

$$R = \sum_{i=1}^{4} w_i r_i \times \frac{D}{\text{EBIT}} \leqslant 1 \tag{6.18}$$

在此基础上对融资风险 R 在给定范围 [0, 1] 内以 0.01 的间隔进行搜索，求出不同 R 对应的不同债务融资比例（w_1，w_2，w_3，w_4），进而可以得到不同的 R 对应的融资成本 K，选择使融资成本 K 较小且融资风险 R 在允许范围内的债务融资来源比例（w_1，w_2，w_3，w_4），这就是房地产中小企业最优的债务融资来源结构。

6.3 基于多目标规划模型的房地产中小企业债务融资来源结构实证研究——以湖南省有关代表性企业为例

6.3.1 样本选取与数据来源

以湖南省有关代表性房地产中小企业为研究对象，样本筛选遵循以下标准：①财务状况异常的企业债务融资面临极大约束，因此剔除；②房地产受市场环境影响显著，为保证可比性，只考虑发展相对成熟的企业，至少可以获得5年财务数据的企业；③由于研究重点是债务融资问题，因此剔除未进行债务融资的企业。最终调查选取8家房地产中小企业2016—2020年的相关数据作为实证样本。

6.3.2　描述性统计

房地产行业普遍存在债务融资来源单一、结构不合理等现象。为了从整体上了解房地产中小企业债务融资的基本状况，对其来源结构做一个描述性统计分析，情况如下：

房地产中小企业的债务融资主要来源于房地产预售，其融资比例约为0.413，最高达到0.613；其次为银行借款，其融资约占总债务融资的0.212；施工方垫资与民间借贷融资比例相差不大，均在0.20以下。由此可见，房地产中小企业的债务融资来源较为单一，主要依赖房地产预售。

（1）就资金成本而言，房地产预售资金成本率约为0.045，主要是因为现房与期房价格相差大，企业遭受一定的价格损失；施工方垫资资金成本率为0.038，低于预售资金成本率，是因为企业要承担施工方垫资的利息支出，同时房地产建造价格也会因此提高；民间借贷融资资金成本率约为0.055，受企业信用状况影响，有些企业民间借贷融资成本率高达0.067；而银行借款的资金成本率最低，约为0.037。

（2）就融资风险而言，银行借款受利率影响，其融资风险较大，约为0.483；施工方垫资风险相对较小，约为0.156；预售款因无须到期还本付息其风险为0。而民间借贷融资风险最高，约为0.571。因此从融资风险角度出发，企业应降低民间借贷融资比例，提高房地产预售融资比例。

（3）就资金到位率而言，银行借款资金到位率最高，其均值接近1；其次为房地产预售资金到位率，其均值为0.692；施工方垫资和民间借贷融资资金到位率相对较低，分别为0.385和0.397。

通过上述分析可知，房地产中小企业不同债务融资来源的资金成本、融资风险和资金到位率是各不相同的，因此在进行债务融资决策时，应综合考虑各个因素的影响，确定最优的债务融资结构。[131]

6.3.3 模糊层次分析结果

根据模糊层次分析法，判断矩阵相对重要性评分准则，可对银行借款、房地产预售、施工方垫资和民间借贷融资等债务融资来源的相对重要性进行判断，计算出湖南省代表性8家房地产中小企业债务融资来源的相对重要性权重，如表6.1所示。

表6.1 房地产中小企业债务融资来源相对重要性权重

企业编号	银行借款	房地产预售	施工方垫资	民间借贷融资	企业编号	银行借款	房地产预售	施工方垫资	民间借贷融资
长沙A	0.278	0.316	0.296	0.110	岳阳A	0.296	0.336	0.275	0.093
长沙B	0.254	0.298	0.263	0.185	岳阳B	0.212	0.297	0.279	0.212
益阳A	0.265	0.342	0.244	0.149	株洲A	0.283	0.373	0.199	0.145
益阳B	0.293	0.332	0.237	0.138	株洲B	0.312	0.292	0.217	0.179

由上表可知，研究样本8家房地产中小企业四种不同债务融资来源的相对重要性程度有一定差异，处在0.093至0.373之间。根据模糊层次分析结果，大部分企业房地产预售相对重要性程度高于其他三种债务融资来源，主要是因为房地产预售的融资风险为0，且它的资金到位率较高；银行借款资金成本低，资金到位率高，但融资风险较大故中小企业也难以融到，融资风险占总目标比重大，其相对重要性程度居中；利用施工方垫资做法能缓解资金压力，其相对重要性程度相对也居中；由于民间借贷诚信问题，资金到位率偏低且成本高，因此相对重要性程度整体表现偏低。[132]

不同房地产中小企业债务融资来源的融资成本、融资风险和资金到位率不尽相同，因此四种债务融资来源在不同房地产中小企业间相对重要性程度也存在较大区别。例如益阳A地产质量过硬社会反响好，销售快，预售资金到位率高，而中小企业银行借款难，融资风险大，因此其房地产预售相对重要性程度高于银行借款。

6.3.4 最优债务融资来源结构实证分析

为优化债务融资来源结构，提高债务融资效率，以融资效率最大化为目标，在设定债务融资风险一定的条件下，构造融资成本最小化目标规划模型，通过求解该模型获得债务融资来源的最优结构。下面以益阳 A 地产为例进行实证分析。

益阳 A 地产 2016—2020 年平均年债务融资总额为 7.41 亿元，息税前利润为 1.21 亿元，其债务融资来源的资金成本率、融资风险和资金到位率具体情况如表 6.2 所示。

表 6.2　益阳 A 地产债务融资来源基本情况

	银行借款	房地产预售	施工方垫资	民间借贷融资
资金成本率	0.036	0.043	0.031	0.062
融资风险	0.131	0	0.145	0.039
资金到位率	0.413	1	0.603	0.217

将上述数据代入目标规划模型 (6.15) 和 (6.16)，并根据益阳 A 地产债务融资来源相对重要性程度增加约束条件：$w_2 > w_1 > w_3 > w_4$，运用 MATLAB 7.0 进行求解，计算出益阳 A 地产最优债务融资结构，如表 6.3 所示。

表 6.3　益阳 A 地产最优债务融资来源结构

	银行借款	房地产预售	施工方垫资	民间借贷融资
债务融资来源最优比例	0.274	0.317	0.273	0.136
债务融资来源实际比例	0.124	0.491	0.172	0.213

由计算结果可知，益阳 A 地产银行借款、房地产预售、施工方垫资和民间借贷融资的最优结构为 (0.274, 0.317, 0.273, 0.136)。这一最优债务融资来源结构能满足融资总成本最小化目标，也能控制融资风险，使得益阳 A 地产的债务利息支付得到保障。对其债务融资来源最优结构和实际结构进行比较可以发现，益阳 A 地产过度依赖房地产预售资金（实际比例高达 0.491）。这个问题值得关注：房地产预售受市场影响，当市场低迷时，企业将无法保证通过预售

获得稳定的资金来源，容易造成资金链的断裂；同时益阳 A 地产预售资金成本率偏高，预售比例过大也使得债务融资成本增加。因此益阳 A 地产应减小预售款比例，从而降低企业资金的流动性风险。另外应注意的是，益阳 A 地产实际银行借贷融资比例仅为 0.124，而其最优值为 0.274。就益阳 A 地产规模和财务状况来看，可争取更多银行融资。[132]

6.4　与房地产上市个案企业债务融资来源结构做比较分析

为了优化房地产公司债务融资来源结构，提高债务融资效率，以融资效率最大化为目标，在债务融资风险一定的条件下，构造融资成本最小化目标规划模型，通过求解该模型获得债务融资来源的最优比例。下面，本书以万科地产 (000002) 财务披露的相关数据为个案，对房地产上市企业债务融资来源最优结构进行实证分析和比较。经测算具体情况如表 6.4 所示。

表 6.4　万科地产最优债务融资来源结构

	银行借款	房地产预售	施工方垫资	债券融资
债务融资来源最优比例	0.231	0.305	0.213	0.251
债务融资来源实际比例	0.208	0.423	0.197	0.172

由计算结果可知，万科地产银行借款、房地产预售、施工方垫资和债券融资的最优比例为 (0.231, 0.305, 0.213, 0.251)。这一最优债务融资来源结构在满足融资总成本最小化目标的同时，也很好地控制了融资风险，使得万科地产的债务利息支付得到保障。对其最优债务融资来源结构和实际债务融资来源结构做比较可以发现，万科地产的银行借款和施工方垫资比例相对比较合理，但是稍微有点依赖房地产预售资金 (实际比例为 0.423)。这一问题也要引起重视：一方面，房地产预售受市场影响大，当房地产市场低迷时，企业将无法保证通过预售获得稳定的资金来源，容易造成资金链的断裂；另一方面，万科地产房地产预售资金成本率较高，预售比例过大使得债务融资成本增加。因此，万科地产应减小房地产预售款的比例，从而降低企业资金的流动性风险。同时应该

注意的是，万科地产可适当增加债券融资比例，而其最优值应为0.251(实际比例为0.172)。就万科地产的公司规模和财务状况来看，它完全符合增发更多债券的要求，而且它的债券融资的资金成本率也最低，因此可以考虑适当增加债券融资比例，从而降低融资成本。

6.5　本章小结

本章从企业风险控制的角度出发，对湖南省有关代表性房地产中小企业债务融资来源的资金成本、融资风险和资金到位率状况进行分析，采用模糊层次法判断不同债务融资来源的相对重要性，通过构建多元目标规划模型，计算湖南省有关代表性房地产中小企业债务融资来源的最优结构，并以万科地产个案为例计算其债务融资来源的最优结构进行比较分析。通过分析得到如下结论：

（1）房地产中小企业过度依赖房地产预售款，银行借贷融资使用较少，债务融资来源较不太合理。相对于其他三种债务融资来源，房地产预售款成本率偏高，加大了债务融资成本。因此房地产中小企业应拓宽债务融资渠道，降低房地产预售款比例。

（2）就债务融资来源相对重要性程度而言，由于房地产预售融资风险低，资金到位率较高，所以房地产预售相对重要性程度整体表现为最高。银行借款与施工方垫资的相对重要性程度居中，民间借贷融资的相对重要性程度偏低。

（3）通过比较益阳A地产债务融资的最优结构与实际结构，发现其房地产预售融资金比例明显偏高，而银行借贷融资比例偏低，施工方垫资比例稍偏低而民间借贷融资稍偏高。所以益阳A地产应适当降低房地产预售融资比例，提高银行借贷融资比例，从而优化债务融资来源结构。

（4）与房地产上市个案企业债务融资来源结构比较分析来看，万科属于行业标杆，虽也存在一定的小问题，但其来源结构与代表性房地产中小企业比较是明显优化多了，因此房地产中小企业若想持续健康良性发展，必须要在债务融资来源结构上做融资分析研究，基于企业风险控制的角度合理选择最优来源结构。

第7章　房地产中小企业债务融资来源结构分析及优化对策研究

本书第4至6章分别从房地产中小企业融资效率评价、房地产中小企业债务融资来源结构优化等问题进行了实证研究。基于实际工作和应用的需要，本章拟针对房地产中小企业债务融资来源结构优化问题提出相应的对策与措施。本章内容分共4节：7.1节为发达国家债务融资来源结构现状及借鉴分析：梳理了发达国家房地产企业债务融资来源结构现状，指出发达国家债务融资来源结构可借鉴的地方，分析了我国现有房地产企业的融资模式和制约我国房地产企业融资困境主要约束条件，以及发达国家债务融资来源结构对我国的启示；7.2节为我国房地产中小企业债务融资来源结构现状及问题分析：主要分析了我国房地产中小企业债务融资来源结构现状及问题等；7.3节为房地产中小企业债务融资来源结构优化对策分析：提出房地产中小企业债务融资来源结构优化的对策与具体措施；7.4节为本章小结。

7.1　发达国家债务融资来源结构现状及借鉴分析

7.1.1　发达国家债务融资来源结构现状分析

发达国家由于生产力水平高度不同、经济运行机制不同、经济国际化程度不同，已经逐渐形成了四种较为成熟的房地产企业债务融资模式：美国的金融证券融资型、德国的互助储蓄融资型、新加坡的公积金融资型及日本的官民共建混合融资型。而我国由于经济发展水平不高，资本市场起步较晚，尚未形成有效的房地产企业融资模式，房地产企业只是简单地依靠内部融资、债权融资、股权融资等融资方式筹集资金。发达国家房地产企业的融资模式如下。

1. 证券融资型模式

证券融资型以美国为代表，主要依靠房地产抵押贷款和房地产投资权益进行证券化融资。美国能够进行这种金融模式主要依赖于完善的房地产金融体系、公平开放的住房信贷市场、多样化的融资工具、抵押贷款证券化程度高等。证券融资型金融模式改变了房地产金融市场单纯依赖金融机构的状况，可在短期内迅速筹集充足资金，满足房地产市场长期性的融资需求。

2. 互助储蓄融资型模式

互助储蓄融资型以德国为代表，主要是在政府的鼓励支持下，借助专业化的房地产信贷机构，在封闭的运行机制里通过储贷结合的融资方式进行融资。德国能够进行这种金融模式得益于政府积极参与市场，建立专门从事住宅储蓄融资业务的住房储蓄银行，实施奖励措施促进金融市场发展。互助储蓄融资型金融模式能够满足房地产业发展对信贷资金的长期性需求，降低了金融机构的投资和经营风险，有助于稳定经济和控制经济周期性波动。

3. 公积金融资型模式

公积金融资型以新加坡为代表，以公积金和住房抵押相结合为特点，主要通过独具特色的公积金制度来解决房地产金融市场的资金问题。新加坡能够建立这种金融模式得益于完善的公积金制度，公积金与改善居民住房条件相结合，这种政府公营的政策性房地产融资方式为房地产金融市场提供了持续发展的动力，较好地解决了房地产市场的资金问题，促进了房地产业健康发展。

4. 混合融资型模式

混合融资型以日本为代表，在二战结束的大背景下，日本政府积极推行官方和民间共同集资建造住宅的住房政策，形成了官方与民间共同推动房地产市场发展的金融模式。日本能够进行这种金融模式得益于有专门的以住宅金融公库为代表的官方金融机构、完善的住房储蓄制度、稳定的财政投资性贷款，形成“三位一体”的住房政策。日本在混合型的房地产金融模式下，官方金融机构与民间金融机构共存，对稳定房地产金融市场的利率和资金来源都发挥了巨大作用，促进了房地产业的整体发展。

通过比较发现：发达国家成功的房地产企业金融融资模式，都是各国政府在分析本国所处的经济环境和房地产市场发展实际情况的基础上，制定了相关的金融政策和法律法规，鼓励政策性和经营性融资机构有机结合，创新房地产市场融资工具，真正建立起各具特色的房地产金融的新体系。

7.1.2　发达国家债务融资来源结构借鉴分析

1. 我国现有房地产企业融资模式

（1）内部融资模式。内部融资是指房地产企业将自身留存收益、资本金等转化为资本投资。房地产企业内部融资具有自主性强、低成本和低风险等特点，是我国房地产企业普遍采用的一种融资方式。然而内部融资受房地产企业经营规模、盈利能力等方面的制约，融资数额有限，在我国房地产企业融资来源中所占比例较小，据2015—2020年《中国统计年鉴》统计，我国房地产企业内部融资比例约为20%。

（2）债权融资模式。主要是银行信贷。当前我国房地产企业融资的主要来源就是银行信贷资金（含投资贷和消费贷）。由于银行信贷资金具有融资速度较快、融资成本相对较低、融资限制条件较少、融资灵活性较大等特点，因此银行信贷成为我国房地产企业融资的最主要渠道。有关学者研究发现我国房地产企业开发资金中60%左右与银行信贷体系有关。[133] 然而，房地产企业进行银行信贷融资受国家政策、企业经营状况等因素影响，一旦经济形势出现波动，会造成房地产企业经营风险和财务风险较高，影响金融体系稳定。

其次是商业信用。我国房地产企业商业信用融资主要来源于定金及预收款，这种融资方式具有融资便利、融资限制条件少、融资时效性强、融资成本较低等特点，是我国房地产企业又一种重要的融资渠道。据2017—2021《中国统计年鉴》统计，2016—2020年定金及预收款在房地产开发资金来源中平均占比为32.52%。

(3) 股权融资模式。我国房地产企业股权融资主要是针对上市公司和一些大型企业，主要通过吸收直接投资和发行股票进行融资，股票融资筹得的资金额度较大，可供企业长期使用，利于分散企业经营风险，股息可根据企业经营状况进行决定，降低财务风险，是上市公司和一些大型企业对外融资的重要手段。当然，对于资金成本来说，股权融资的资金成本在各种融资方式中是最高的，并且融资范围有限，无法满足大部分房地产中小企业迫切的融资需求。[134, 135]

2. 制约我国房地产企业融资困境主要约束条件

(1) 融资环境约束。首先是政策约束。大部分企业因为银行信贷融资比较方便、快捷、直接和低成本，就选择了银行信贷融资的方式而现行法律制度过于限制房地产信托、债券等融资渠道，导致企业凭借该种方式融资难度变大。

其次是金融市场体系约束。历经多年发展，我国证券市场也在不断进步，可是改革发展的速度依旧过慢，金融创新和监管力度不够，欠缺信用保证，致使很难应用很多金融产品，对拓展房地产企业特别是中小企业的融资渠道产生了限制，导致企业只能凭借间接融资特别是银行信贷来融资。所以，加强资本市场改革开放的力度，健全现代市场系统，将市场在资源配置中的作用充分地发挥出来，构建高效、透明、健全、完善、安全的资本市场。

(2) 行业特征约束。首先是行业历史较短。我国房地产业发展是在住房制度改革深化而不断随之发展的。以原本的计划经济体制为基础，把住房看成是福利产品，让政府部门或企业自己进行构建及分配，个人只需要象征性地缴纳少量租金，房地产投资无利可图。与此同时，土地使用权不允许随意出让，这导致房地产投资的经营基本条件欠缺，这个时候的房地产经济正处在严重的抑制状态，因此行业的发展时间较短在一定程度上影响了有序发展。

其次是银行信贷融资比例过大。国内银行自 1997 年之后，当年发放的房地产贷款在全年发放的各项贷款中所占比例日渐升高。国内银行自 1997 年之后，当年发放的房地产贷款在全年发放的各项贷款中所占比例日渐升高。国内银行 1997 年发放的房地产开发贷款共计 911.19 亿元，2010 年共计 12 563.7

亿元，已经接近1997年的14倍。当年房地产开发贷款发放额占贷款发放总量的比重同时也由1997年的1.22%增长到2010年的2.62%。2016—2020年我国房地产开发贷款余额不断增长，截至2020年达11.91万亿元，同比增长6.1%，增速同比上年回落4%。保障性住房开发贷款余额达4.65万亿元，占比达39.04%，且呈不断下滑态势；其他房地产开发贷款余额达7.26万亿元，占比达60.96%。

再次是外资进入渠道不畅。我国政府现在对外资投资房地产依旧限制很多，开始是暂时不允许外资独立投资国内房地产业，只能以入股或者合作等间接方式进入，到2006年7月和2007年5月政府相继颁布了171号文件（国务院六部门《关于规范房地产市场外资准入和管理的意见》建筑房〔2006〕171号）及50号文件（《商务部、国家外汇管理局关于进一步加强、规范外商直接投资房地产审批和监管的通知》商资函〔2007〕50号），要求境外投资者要设立外资企业来进行房地产投资活动，只有商务部及其相关部门核准之后，外资企业才能进行设立、股权变更、增资、合并或是项目出售等有关活动。准许外资进入我国房地产市场的条件日渐变松，可是外资的进入途径还是不够通畅。我国截至2020年末，得到商务部审批通过的外商投资房地产企业共计1 353家。2019年3月15日，《外商投资法》经全国人大会议表决终获高票通过。该法于2020年1月1日起实施，取代“外资三法”（《中华人民共和国中外合资经营企业法》《中华人民共和国外资企业法》及《中华人民共和国中外合作经营企业法》）。《外商投资法》首次在法律层面明确了对外商投资实施准入前国民待遇加负面清单管理制度。随着外资准入制度的健全外资房地产投资会越来越多。

最后是投融资矛盾突出。首先，存在资金需求量大与资金来源渠道单一和结构不合理的矛盾。通常来讲，企业融资有直接和间接两种，企业在进行像上市融资、海外融资、债券融资等直接融资的时候现行金融政策会对其产生约束。但是在房地产融资资金来源里，对外资利用的比例并不高。另外，间接融资的期限不匹配行业房地产投资周期。很多银行因为较差的经济形势会对很难收回发放的贷款担心，所以都发放短期贷款或者少放贷款。可是银行贷款期限较短不利于房地产开发商，很多房地产行业的投资周期为五年左右，可是像商业地产等行业的投资周期却很长，所以假如欠缺长期贷款，就会制约房地产业的发展。

3. 发达国家债务融资来源结构对我国的启示

(1) 加快融资多元化进程。目前，我国房地产企业融资观念落后，过多依靠银行信贷体系进行融资，融资渠道单一，融资受限。房地产企业应在企业不同发展阶段，根据自身发展需要、资金需求、成本情况，探索多元化融资方式，不断创新融资渠道，提高融资效率，分散融资风险。企业要冲破了传统融资思维，不断探索适合企业发展的融资模式，在发展初期可通过适当让利给签约客户和加盟商，获取社会资金解决企业资金不足。 在成长期可随着企业规模的扩大、知名度的提高、信誉度的提升，逐渐向金融市场进行融资，发展多元化融资渠道。 因此，笔者认为我国房地产企业，特别是房地产中小企业，应根据企业生命周期理论，创新融资思维，发展多元化融资渠道。发展好多元化融资渠道有以下 3 方面优势。

首先是风险分散优势。对有公共属性的基础设施来说，因为房地产业投资金额大、建设周期长、无法移动等特点，其并没有很好的市场灵活性。在项目开发和享受收益时，房地产企业也承担着一定市场风险，可是在现在的融资情况看来，该风险是由银行承担的。所以银行系统在一元融资模式下承担了房地产行业的主要风险，房地产行业如果出现问题，整个银行业就会受到重创，就会导致整个金融界动荡，激起严重的社会问题。如果选择多元化融资模式，风险就会被分散，风险同收益间就将出现对等态势，出资者也能够承受对应的风险。

其次是降低成本优势。房地产融资多元化会将房地产企业的运营管理能力有效地提高。在保证房地产企业资金来源方面，房地产业本身特点决定其对资金的需求很大，所以房地产业的发展日益离不开金融的支持。在融资成本方面，因为房地产企业对资金有着大量需求，融资结构及方式对融资成本的高低有着直接影响。房地产企业在多元化融资途径的背景之下有很多可选择的融资方式，就会有着比较强的议价能力，融资成本也会相应有效地降低，这样既有益于企业的健康发展，又有益于项目风险水平的降低。

最后是提高效率优势。闲置资金在一元化的房地产融资背景下利用率不高，大都存在银行，对国家的经济发展不利，还可能遇到贬值的威胁。可是假如房地产融资以多元化的方式实现，那么就可以使各种风险偏好投资者的投资需求得到满足，投资收益得以提升。除此之外，多元化的融资渠道可以分流存款，将直接融资比重提高，分散银行信贷风险，改变融资来源结构，提升资金配置效率。

（2）加快融资多元化的政策支持。首先是健全房地产金融法律法规：我国房地产金融现在依旧没有健全的匹配法律法规，对行业的规范运行产生了直接的影响。所以，将来应该使有关法律法规逐渐完善，不仅对房地产开发企业和个人的金融行为进行约束规范，还要将支持房地产中小企业的力度大力加强。另外，应该将专门的房地产金融法律法规构建起来，对市场各方的权利和义务加以明确，在此基础上对监管法律加以健全。

其次是完善政府支持体制：发达国家快速发展的房地产业同完善的政府支持系统有着很大的关系。例如政府的强力支持就是美国房地产信托快速发展的重要原因。政府担保机构CNMA（政府全国抵押协会）、FHLMC（联邦家庭贷款抵押有限公司）等对抵押市场活动提供支持；另外凭借优惠税率政策将投资者的积极性激发出来。房地产证券市场发展的重要保障就是政府的政策支持，我国政府现在该方面依旧很欠缺，尤其是对房地产中小企业，迄今为止基本上无任何政策支持。

最后是提高企业自身实力：想要将融资多元化实现，必须要提高房地产中小企业整体素质和信用建设水平，应该从下面四个方面进行：一是要加快企业改革的脚步，对公司的治理体系进行规范。对于部分国有房地产中小企业，能够积极落实国有股退出战略，坚持改制和重组的道路；应该引导民营的房地产中小企业走向资本社会化方向，将现代企业管理要素积极地引进来；对集体企业性质的房地产中小企业，就应该推进产权改革，对产权关系进一步加以明确，方便企业今后凭借股权等方式融资。二是提高管理人员素质，落实科学化管理。在今后几年，在房地产行业中房地产中小企业依旧占有重要地位，对于众多企业的同质化竞争，要想站稳，就应该建立起核心竞争力，想要将核心竞争力实现，重点在于经营素质和企业管理水平的提升。尤其是当下的房地产企业转型期，必须将自身优势强化，对管理源头进行清理，才可以将企业竞争优势充分地发挥出来。三是诚实守信，建立良好银企关系。市场经济下市场主体发展壮大的必要条件为诚实信用。房地产中小企业应该将企业信用建设加强，培养良好的信用意识，将信用信息平台和信用社会监督系统构建起来，如此一来才能够建立良好的银企关系，促进融资渠道的多元化。四是强练内功，创新开发模式。房地产中小企业要想得到可持续发展，应加强内功，在调研能力、融资能力、营销能力等各方面加强创新，迎接市场挑战；不拘泥于传统房地产项目的开发模式，创新实践理念和方法，借鉴先进开发项目开发经验，破解传统的营销策略，转变到体验式营销、圈层营销、云营销等创新营销模式，实现商品房预售真正落地，降低资金风险，实现融资来源结构可控可优化。

（3）创新房地产债务融资新模式。我国经济近几十年发展迅速，但还没有达到成熟状态，很多行业尚需不断完善制度和创新管理模式，房地产行业也如此，除上面提到的丰富多元化融资道路外，还需创新房地产债务融资新模式。

完善和改革住房公积金制度。我国住房公积金管理模式是采用封闭运营的，公积金资金池资金众多没有充分盘活，与资本市场联系不紧，因此有待吸纳先进经验又符合我国实际的管理模式。可以借鉴新加坡中央公积金制度的优越性并结合我国国情加以制度创新，从而建立与我国国情相适应的公积金管理制度，为房地产金融的发展提供制度保障。一方面，要转变关于住房公积金的传统观念，放弃封闭运营改为开放式营运的公积金制度，促进大量的资金投入资本市场加速资金的运转，盘活沉淀的资金赚取更多收益；另一方面，在实现公积金保值的基础上增加投资渠道、扩大公积金的投资和存缴范围以实现公积金的增值和扩值。

发展专业性房地产金融机构。专业性房地产金融机构对房地产企业债务融资起到很好的作用。因此在推进我国住房金融体制改革的同时，对有互助合作性质的住房储蓄银行应加大推广力度和发挥影响作用；发达国家如德国住房互助储蓄银行、美国储蓄贷款协会、日本住宅金融公库、新加坡中央公积金局等专业性房地产金融机构都是国家为发展房地产行业特地批设的，都得到了政府的支持与政策保护，为其房地产金融的持续发展提供基础保证。

推进房地产资本市场建设。市场经济发展与各种制度完善都能为房地产金融发展提供良好条件，因此发展房地产金融离不开资产市场建设，要推进房地产资本市场与国际市场接轨，与国际房地产金融市场同步发展，合理吸纳外资。将资本市场制度建设作为“重头戏”来完善与扶持房地产债务融资来源结构。资本市场制度建设是根本，房地产融资模式创新必须要与资本市场保持同步性才能真正发展。

总之，完善和改革现有的公积金制度和发展住房储蓄银行及进行房地产资本市场的建设是创新房地产债务融资新模式的必由之路。

（4）促进房地产抵押贷款证券化。发达国家的实践证明，成熟的资产市场是能够满足房地产市场需求的比较理想的债务融资方式。目前全球各国经济发展水平不同，其资本市场债务融资方式的发展程度也各不相同，其中发展最为成熟的是美国房地产金融市场。美国房地产金融市场在一级、二级市场的共同运转作用下不仅保证了资金的良性循环，同时还降低了银行等金融机构的经营风险。美国的抵押贷款证券化体系发展得也较为完善，债务融资工具齐全与两级市场的债务融资模式为我国房地产债务融资提供了成功的典范，因此我国也可以从房地产抵押贷款一级市场、二级市场的建设和制度环境建设三方面着手完善我国抵押贷款证券化制度和金融环境。

保证房地产抵押贷款证券化顺利开展的前提是有一个规范成熟的一级市场。但是因房地产抵押贷款的周期比较长，在存续期内很容易受到各种外界不可控制因素的影响，容易产生金融风险。因此必须加强一级市场的预防风险与抵抗风险能力，在发展抵押贷款业务的同时也要保证其质量。一方面要建立房地产抵押贷款风险防范机制，标准化管理整个贷款体系，标准化操作抵押贷款流程；另一方面可以建立由政府担保的抵押贷款保险机制，加强政府对房地产抵押证券化的过程管理。

保证房地产抵押贷款证券化充分发展的主要前提是完备的房地产抵押贷款二级市场。应积极培育机构投资者、强化社会监管、建立多元化的投资队伍、放宽投资主体的资格限制、引导社会理性投资，进而促进房地产抵押贷款二级市场的繁荣。投资者的决策很大程度上受到信用评价结果的影响，因此信用评级机构责任重大。应逐步完善信用评价机构体系，保持信用评价机构的独立性，确保评级结果的公正性，维持信用评级机构的权威，建立与国际惯例保持一致的规范化指标体系。同时抵押贷款证券化交易秩序的正常运转离不开健全的法律法规。目前，我国证券化方面的法律制度还不够完善，需要制定严谨并能弥补证券监管体制存在的缺陷的法律制度；修改阻碍证券化法制的现行法律条款或者做出补充规定；完善个人信用制度以从根源降低金融风险。

（5）加强政府金融监管。房地产业的发展需要政府行政干预与扶持。目前政府干预的通行方式有两种：一种是以日本和新加坡为代表的直接干预方式；另一种是以美国等为代表的间接干预方式。结合我国实际应该将间接干预与市场机制结合起来以推动房地产金融的发展，完善房地产债务融资模式，为房地产业的发展提供良好的政策环境。首先要加强法律制度环境建设，为房地产金融市场的发展提供制度保障；其次要健全风险监控体系，对房地产融资来源情况给予密切的关注，对可能出现的风险及时预警与防范，防止“爆雷”现象；最后还要成立政府金融监管机构，抵御和化解房地产债务融资风险，促进房地产业良性健康发展。

7.2　我国房地产中小企业债务融资来源结构现状及问题分析

7.2.1　我国房地产中小企业债务融资来源结构现状分析

1. 我国房地产中小企业债务融资来源结构分析

在企业负债融资过程中，债务来源结构主要反映的是负债资本的来源，最近几年以来，金融市场得到快速发展，我国房地产企业融资渠道越来越向多元化发展，但是有息负债主要还是来自银行贷款。随着市场的进一步丰富发展，企业股票、债券、票据等直接融资方式不断地发展，企业融资结构逐渐呈现多样化趋势，债务融资作为企业资本的重要组成部分，对企业的发展壮大有着不可替代的作用。

(1) 银行贷款融资结构分析。银行贷款是指银行依据国家规定的相关政策，将资金以一定的利率贷放给资金贷款人，并约定偿还期限要求其定期偿还的经济行为。虽然近几年央行对贷款的利息有所提高，但是银行贷款仍是我国大部分企业间接融资的主要方式，是企业融资的重要组成部分。

房地产企业在前期的土地采购以及后续的工程建设过程中，需要投放大量的资金，需要极大的资金流与强大的资金链，而通过银行贷款获得资金的方式较为有效便捷，于是对房地产企业来说，银行贷款不失为一项比较为合理的融资方式。但是，也不是所有的企业都适合用银行贷款的方式获得资金，目前我国部分中小企业依然面临融资难的问题，中小企业的规模较小，缺少可抵押的固定资产，其自身抗风险能力较弱，因而直接向银行借贷比较困难，那么它们便会寻找除银行贷款以外的融资方式来获得资金。

根据相关数据显示，我国房地产行业大部分的负债融资来源于银行贷款，短期银行贷款率高于长期，但是对于房地产这个行业来说，开发周期较长，短期贷款对企业以及财务均具有一定的风险性。企业要根据本身资金需求，合理调整贷款额度、期限降低银行贷款风险。对于我国房地产企业来说，找到一个合理的融资结构，不仅有利于我国房地产企业本身长远的发展，对于我国金融市场的安全也是一个有力的保障。

（2）债券融资结构分析。债券融资是指发行人即房地产企业直接向社会筹措资金，向投资者发行，承诺按照一定的利率，定期还本付息的债券债务凭证。房地产债券是企业债券中的一个重要组成部分。近年来，我国债券融资市场作为一个新兴市场发展较为迅速。

与银行贷款进行比较，债券融资的时间比较长，由于它是直接面向社会公众的，企业违约的社会影响较大，所以它的审批也就相对严格；同时我国债券市场还不完善，相关体系对企业债券发行表现的要求较为严谨。企业债券发行门槛较高，债券市场流通性差；同时我国房地产企业具有较高债务水平及短期债务，发行债券会使其面临更大的财务压力，导致其发行债券融资的意愿较低，因此房地产上市企业债券融资规模过低，而房地产中小企业则刚刚起步。

随着国内市场的快速发展，金融管理部门也应当对债券市场加强监管，构建完善的监察制度，政府部门也应当尽快完善有关法律制度，为债券市场提供制度保障。对于企业来说，增加债券发行数量，提高债券市场的流通性，针对满足债券融资条件的房地产企业，要拓展多元化融资渠道，积极发展房地产债券市场。通过不同方式的债务选择组合，优化房地产企业的债务融资结构，提高资金使用效率，从而提升公司绩效，为房地产行业的发展壮大提供参考借鉴。

（3）商业信用融资结构分析。商业信用融资是指企业与企业之间在商品交易活动过程中由延期付款或预收账款而产生的一种借贷关系，具体包括应付账款、应付票据、预收账款，我国房地产企业商业信用融资主要包括应付土地出让金、应付工程款、定金及房屋预收账款等。

商业信用融资属于企业短期融资的方式，能够为房地产企业提供部分资金，这部分资金不像银行借款一样需要定期支付利息，也不像股权融资需要定期支付股利，能够在一定程度缓解企业的资金需求。通常企业都是与特定的债权人进行的商业信用融资，其满足了企业经营生产的资金需求，拥有融资便利、融资限制条件少、操作和融资成本较低及无须抵押等诸多优势，在房地产企业债务融资中往往也会占据很大成分。

这种融资方式是除银行贷款外房地产企业最主要的负债来源。同时，商业信用成为社会信用体系的重要组成部分，其资金使用是无偿的，与银行借款相比无须支付利息，从而可以降低公司的资本成本，提高公司效益。

但是我国当前的商业信用环境和体系还很不完善，当房地产企业过度使用这一融资方式时，若受市场波动影响，很有可能因为无法到期付款而影响房地产企业的信誉，那么，这将不利于企业日后的商业信用融资，对企业的绩效也会产生负面影响。因此房地产企业应当合理控制商业信用规格，同时也要进一步拓展多元化融资渠道，增加对其他融资方式的重视。

(4) 股权融资结构分析。股权融资虽然不是债权融资范畴，但它影响企业整体的融资结构，所以在企业债务融资时必须要加以统筹考虑。股权融资是指企业直接投资和发行股票进行融资的一种方式，我国房地产企业股权融资主要是针对上市公司和一些大型企业。股权融资主要包括 IPO、买壳上市、上市再融资、私募、项目合作、房地产企业兼并等方式。

股票融资筹得的资金额度较大，可供企业长期使用，利于分散企业经营风险，股息可根据企业经营状况进行决定，降低财务风险，是上市企业和一些大型企业对外融资的重要手段。但是，股权融资的资金成本在各种融资方式中是最高的，并且融资范围有限，无法满足大部分房地产中小企业迫切的融资需求。[134,135]

股权融资金额较债券融资来说风险更低，但也存在一定控制权分散的问题，股权融资可以在短期内融得大量资金并且股权融资的成本较低。虽然股权融资在企业的筹资总量中所占比重比较小，但是其对于现代企业来说，是一个很好的融资渠道。股权融资所筹集到的资金具有永久性、无到期日、不需归还的优点。房地产企业需要对融资结构进行调整，适度降低债务比例，增强内部融资能力，同时扩大股权融资规模，优化自身资本结构。

(5) 其他融资方结构分析。房地产企业的其他融资方式主要包括：企业的自有资金、预租预售款、企业内部员工集资、建筑商垫付、应收账款保理和政策性融资等。其中以自有资金、预租预售款和建筑商垫付为主要的融资方式。

企业的自由资金主要包括：企业注册资本金、企业公积金和股本金等。

自有资金是企业在生产过程中经常持有的资金，可以无偿提供，企业自有资金是企业抗风险能力的基本保证，是银行在向企业发放贷款前必须考虑的重要指标。2006年《国务院办公厅转发建设部等部门关于调整住房供应结构稳定住房价格意见的通知》明确“为抑制房地产开发企业利用银行贷款囤积土地和房源，对项目资本金比例不到35%等贷款条件的房地产企业，商业银行不得发放贷款”。据不完全调查统计，部分房地产企业的自有资金中有部分都是临时筹借的，这无疑增加了营运开发的风险。

对于一般企业来说，产品的销售和售后服务是实现商品价值和营业额的唯一途径，是实现再生产的基础。但对于房地产企业来说，预售也是一种重要的融资方式。在住宅房地产方面，房地产预售和抵押贷款的使用更为广泛；在商业房地产方面，开发商可以采取预付租金或抵押购房的形式。房地产的预租预售款，不仅可以使开发商筹集到建设必要的资金，而且可以将部分市场风险转移给购房者和租房者，保证项目的销售情况，同时会更加吸引其他投资者来投资，这有利于房地产开发企业能够融到更多的资金。此外，在投资推广的后期阶段，企业还可以通过预售的动态来刺激整个建筑项目的销售，提高整个项目的知名度。

建筑商垫付（施工方垫付）是指在工程项目建设过程中，承包人利用自有资金为发包人垫资进行工程项目建设，直至工程施工至约定条件或全部工程施工完毕后，再由发包人按照约定支付工程价款的施工承包方式。一般可以认为工程垫资有这样三个特征：第一，垫资在建设施工合同里有着明确的约定；第二，所垫资金必须用于施工合同项下的工程建设；第三，垫付的范畴是本应由发包人支付的工程款。垫资施工主要表现为以下四种形式：

①全额垫资施工，是指在开发建设过程中发包人（开发企业）不向承包人（施工单位）支付任何工程价款，而要等待工程项目开发建设完毕经竣工验收合格后，按照约定支付全部工程价款。

②利用工程进度款不足额支付，进行部分垫资施工，如在合同中约定为“承包人报送月进度报表经发包人确认后，于次月支付确认工作量的70%”，这

样实际上造成承包人对已完成工作量的30%要形成部分垫资。

③要求承包人向发包人支付保证金作为工程项目启动资金，保证金在施工过程中根据工程进度返还，造成部分垫资施工。

④约定按照工程形象进度付款，比如约定基础完成开始支付进度款，或结构封顶付至工程价款的一定比例等。

施工方垫付在当前的房地产开发建设中较为普遍地存在，但也受市场和项目本身的影响，当市场态势好，项目可行性好时，会导致垫付的比例过高而引发风险。

2. 我国房地产中小企业债务融资来源结构现状分析

总体来说，全国房地产融资整体体量呈持续增大趋势。我国房价上涨迅速，大量其他企业向房地产市场进军以寻求暴利，随着房地产中小企业规模不断扩大，其融资体量也持续增大。同时房地产行业由于其具有资金占用量较大且成本高的特点，所以房地产企业需要不断借助银行贷款、发行债券等多种方式进行融资，以求得资金继续扩张。但随着近些年相关住房政策的颁布，特别是十九大报告中提出“房子是用来住的，不是用来炒的”政策主调后，我国房地产市场逐渐回归理性，房产价格有所下跌，但土地成本、人力成本以及税费等房地产的开发成本都还在不断上涨，使得房地产中小企业最终获得的收益有可能无法保证其能够负担如此高额的债务融资成本，甚至可能无法保障企业收益，从而可能影响到房地产正常持续发展。

(1) 理论上我国房地产中小企业可选择的融资渠道是多样的。从融资主体来说融资可以分为内源融资和外源融资，外源融资又可以进一步分为直接融资和间接融资；从资本机构来说，可以分为股权融资和债券融资；从资金来源来分，又可以分为商业信贷融资、政府财政融资、证券融资、民间融资和外商融资。综上，在理论上企业可供选择的融资方式是多样的。

(2) 实际上我国房地产中小企业可选择的融资渠道是有瓶颈的。虽然上面提到较多的融资渠道，但并不是所有的融资渠道都能够为我国房地产中小企业所用，不同的企业适合不同的融资方式，不同企业的能力不同，所能达到的融资门槛不同，而中小企业面临融资难的问题更为显著，尤其是在国家抑制性的宏观政策下，房地产中小企业面临了空前的融资难问题。

（3）政策调控是考量我国房地产中小企业融资规范化的“紧箍咒”。房地产中小企业面临着巨大的宏观政策压力。2020 年，中央继续坚持“房住不炒、因城施策”的政策主基调，因地制宜、多策并举，强化落实城市主体责任，实现稳地价、稳房价、稳预期的长期调控目标，促进房地产市场平稳健康发展。2020 年 8 月 20 日央行和住建部在北京召开的重点房地产企业座谈会上提出了房企融资的“三道红线”标准，引导企业降杠杆，这标志着房地产调控的进一步深入，对未来房地产企业融资的影响十分深远。

（4）我国房地产中小企业融资来源结构分布不尽合理。债务融资来源结构是指企业债务融资中，各种债务来源资金之间的构成和比例关系。大的方面而言，企业债务融资来源主要包括银行借款、商业信用以及债券融资等三大途径。但房地产企业由于其行业的特殊性，商业信用中的房地产预售和施工方垫资是除银行借款外另外两种重要的债务融资来源。本书前面的研究中将房地产企业债务融资来源具体分为银行借款、房地产预售、施工方垫资以及债券融资等四种方式。

从上文第 6 章中可以看出，益阳 A 地产银行借款、房地产预售、施工方垫资和民间借贷融资的最优结构为 (0.274, 0.317, 0.273, 0.136)。这一最优债务融资来源结构能满足融资总成本最小化目标，也能控制融资风险，使得益阳 A 地产的债务利息支付得到保障。对其债务融资来源最优结构和实际结构进行比较可以发现，益阳 A 地产过度依赖房地产预售资金 (实际比例高达 0.491)。这个问题值得关注：房地产预售受市场影响，当市场低迷时，企业将无法保证通过预售获得稳定的资金来源，容易造成资金链的断裂；同时益阳 A 地产预售资金成本率偏高、预售比例过大也使得债务融资成本增加。因此益阳 A 地产应减小预售款比例，从而降低企业资金的流动性风险。另外应注意的是，益阳 A 地产实际银行借贷融资比例仅为 0.124，而其最优值为 0.274。就益阳 A 地产的规模和财务状况来看，可争取更多银行融资。[132] 由上述数据可以看出，房地产中小企业债务融资主要来源于房地产预售资金，因房地产中小企业银行借款门槛高，融资审核条件严，这种状况是房地产中小企业债务融资来源结构中的一个缺陷，导致来源结构分布不尽合理。

未来，一方面，房地产企业财务降杠杆将是主旋律，未来融资增速或将下降，企业将更多加大经营杠杆和合作杠杆的使用，来实现企业价值的稳定增长；另一方面，房地产企业融资渠道或将进一步受到限制，一些如明股实债等融资方式可能受到打击，房地产企业融资将转向真股权融资，同时加速分拆旗下子公司上市实现资产增厚，改善负债指标。此外，“三道红线”监管也将倒逼房地产法企业提升自身产品力及经营能力，减少对融资依赖，提高项目去化速度，加快开发周期。房地产企业之间的发展也将出现分化，高杠杆房企的发展必定受限，未来增速放缓，而部分财务能力优秀的房地产企业则得到更多的机会，行业内将面临新一轮的洗牌。房地产债务融资问题成为当前监管层高度关注的对象，“找钱难”和“融钱贵”成为房地产企业的“众生相”，融资收紧将趋于常态化。

7.2.2 我国房地产中小企业债务融资来源结构问题分析

债务融资作为我国房地产中小企业弥补资金缺口的主要途径，在企业的发展壮大过程中起着不可替代的作用，但是在企业具体的融资过程中还存在着融资来源结构不合理等诸多问题。

1. 融资渠道单一，对银行融资、预售款渠道过度依赖

众所周知，我国市场经济发展时间较短，虽然建立起了较为完善的市场经济体制，但是金融市场的开放程度仍有限，进入壁垒相对较高。据调查我国房地产中小企业融资主要集中在国内贷款、定金和预付金、自筹资金等三个渠道，2020 年 1—11 月份，我国房地产开发企业到位资金为 171 099 亿元，同比增长 6.6%，增速比 1—10 月份提高 1.1 个百分点；其中国内贷款为 24 256 亿元，增长 5.4% 利用外资 154 亿元，下降 4.7%；自筹资金为 56 666 亿元，增长 7.9%；定金及预收款为 57 384 亿元，增长 5.3%；个人按揭贷款为 26 983 亿元，增长 10.6%。

从间接债务融资方式来看，绝大多数房地产中小企业依靠银行贷款（含预售款的消费贷）来满足日常生产需求，而商业信贷和租赁等其他融资方式较少。从直接债务融资方式来看，资本市场本身是具有自我调节资金流向功能的，资本市场会根据市场实际情况从资金供给方流向资金需求方，但由于我国对中小企业直接债务融资的监管有着非常严格的条件，目前房地产中小企业很难达到公开发行公司债券的要求，那么其融资渠道在选择上会受限制。因此融资渠道过于单一和狭窄，直接决定了企业对银行的高度依赖，国家信贷政策同时也直接影响着房地产中小企业的结构安全和生存发展。

2. 融资结构不合理

我国房地产中小企业在债务融资来源的选择上主要包括银行贷款、债券融资、商业信用融资和其他融资等，不同融资方式有其各自的特点，针对不同地区不同时期的房地产中小企业都应有不同的融资方式选择，合理地使用融资方式可以降低融资成本，也能更好地控制融资风险，但由于房地产中小企业发展时间短，在我国到底融资比例多少才最为合理一直没有明确，正如前文所述，融资路径单一，企业主要靠预售款、银行贷款，通过股票市场融入股权的房地产中小企业较少，但长期债券与股权相比，发行条件更为严格，只有极少数房地产中小企业能够达到要求，因此整体上房地产中小企业均以短期负债融资为主。债务融资来源比例不合理，只偏好某一种融资方式，既不能满足房地产中小企业的融资需求，也会严重阻碍企业发展壮大。

3. 融资水平差异大

从企业规模上看，上市房地产企业和大型房地产企业，其内部融资时有债券融资、股权融资等多种融资方式，而房地产中小企业因企业规模小，只局限于单一的债券融资方式，同时金融市场对其融资条件的限制也很大，存在规模性融资水平的差距。从经济发展水平看，经济发达地区房地产企业融资水平较高，经济落后地区房地产企业融资水平较低，造成了区域性融资水平差距。从国家政策上看，上市企业和大型房地产企业可以吸引和发展外资，而房地产中小企业则受国家政策限制，难以利用外资，因此产生政策性融资水平的差异。

4. 金融体系不健全

各类房地产企业融资受阻的一个重要原因就是我国房地产市场金融体系不健全。一方面，相关法律法规缺失，法律体系不健全。目前我国只有公司法和担保法中涉及房地产融资的简单规定，而且规定模糊，可操作性差。相关法律法规的缺失，导致房地产金融市场法律体系不健全，制约我国房地产金融市场的创新发展；另一方面，相关融资机构不健全。目前我国房地产金融市场尚未形成有效的运行机制，专门进行房地产融资的机构较少，仅仅是一些商业银行参与其中，并且融资条件苛刻，制约房地产金融市场的融资效率。

5. 缺乏相对稳定的资金来源

前文提及房地产中小企业的融资方式主要集中在内部融资和银行贷款上，是债务性融资而非权益性融资。银行本身属于对资金流动性要求很高的行业，银行贷款多为短期借贷，房地产中小企业缺少长期债券和股权等稳定、持续、长周期的融资源头。房地产中小企业对长期贷款需求旺盛，但却苦于没有稳定的长期借款来源，多数房地产中小企业只能用临时流动资金来进行开发建设，结果加剧了流动资金的进一步紧张，可能会导致房地产中小企业进行再次的民间借贷行为，增加了融资成本。

7.3　房地产中小企业债务融资来源结构优化对策分析

房地产行业在我国整个国民经济中处于极其重要的地位，其发展程度能拉动宏观经济的整体发展。房地产中小企业无论整体投资额还是市场销售份额都占比很高，考虑房地产中小企业的融资效率，在此基础上提出优化房地产中小企业债务融资来源结构的合理建议和具体措施，可以整体提高房地产中小企业的业绩与价值，优化公司融资效率和来源结构，促进整体房地产行业互动有序发展。

7.3.1 基于融资效率提高的来源结构优化作用和意义

根据许多关于房地产融资的调查显示，对于房地产企业的融资行为，最看重的就是融资效率。优化债务融资来源结构，就会达到资金融入快、筹集资金利用率高、融资风险低以及企业在融资后经营自由，融资效率就会大大提高。而作为重中之重的融资效率一提高，必然会给房地产中小企业带来许多意义和作用。

1. 有利于提高企业的财务杠杆

财务杠杆是指企业在制定资本来源结构决策时对债务筹资的利用，强调财务杠杆是对负债的一种利用。

融资效率亦可划分为个体效率和整体效率，其中整体效率又包括交易效率和资源配置效率。优化债务融资来源结构就会提高融资效率，其实就是资金的融入融出交易效率得到提高，企业在融入资金的同时，要提前计划好资金的用途，否则盲目大量融资却让资金闲置，只会给房地产中小企业带来一笔不必要的成本消耗。资金投入一到位，合理配置资源，这样资源配置率也会提高，极大地提高投资资金的利用率，从而达到提高财务杠杆的作用。

2. 有利于降低企业的融资风险

企业融资风险缘于资本结构中负债因素的存在，具体可以分为现金性风险与收支性风险。前者是一种结构性的经常风险，后者是一种整体性的终极风险，并且通常预示着企业经营的失败。融资风险一旦产生，通常表现为整体性的终极风险，而控制这种风险最常用的方法是发挥负债的杠杆效应。

优化债务融资来源结构能促进房地产中小企业的融资效率整体提高，会带来投资资金利用率的提高，而投资的资金中大部分又来自外债，即杠杆效应增强，那自然企业的融资风险就会降低了。

3. 有利于提高企业的经营业绩

由于房地产产业需要投入大量的资金来运营，一般房地产中小企业自身经济实力不足，大都是采取负债经营的形式，即企业通过商品房预售、银行借款、发行债券、租赁和商业信用等方式来筹集资金的经营方式，也可以说是“融资”。当然所有房地产企业都知道，适度地负债经营所带来的优势是显而易见的。

房地产中小企业在融资效率提高的情况下，如果采取适度地负债经营，不仅可以帮助企业暂时摆脱资金困难的窘境，还可以在减少自身资本成本的条件下获得一定的收益。只要始终保持投资收益率大于负债利率，由于财务杠杆的作用，它将使权益资本的收益率大于企业投资收益率，并且负债比率越高，财务杠杆的利益就越大。此时房地产中小企业通过负债经营扩大了自身的规模，其业绩也会大大提高。

7.3.2　房地产中小企业债务融资来源结构优化对策具体措施

在我国，房地产企业的债务融资主要来源于三个方面，即银行借款、商业信用和企业发行的债券。本书在对我国房地产中小企业债务融资来源结构现状及问题的研究中发现，由于我国债券市场的不完善，相关部门审批较为严格且融资时间较长，所以通过银行和商业信用这两种方式融资的情况比较常见。针对前文中调查分析、实证研究得出的一些问题，发现解决这些问题、优化企业融资来源结构显得刻不容缓，故提出如下优化对策及措施。

1. 建立健全我国资本市场，降低准入门槛

要想摆脱房地产中小企业狭隘的融资渠道模式，就必须使融资渠道多元化，国家应提供一些有效的政策性融资渠道，完善我国的资本市场。

我国对审批债券发行有着严格的标准，不说许多中小企业达不到申请条件要求，就算有企业可以达到标准，面对烦琐的审批和相对其他融资方式较长时间的审核，想必也会“望而却步”，转头选择银行贷款来解决自身的燃眉之急。所以要想拓宽融资渠道，资本市场政策性的支持十分重要。当然在降低门槛的同时，政府也应当尽快完善关于资本市场的相关法律法规，加强市场监管，为企业拓宽来源渠道提供制度保障。

2. 理清企业与银行间融资渠道，同时加强对中小企业信贷的约束力

银行贷款作为主要的间接融资渠道，是企业债务融资的重要组成方式。房地产中小企业贷入的短期借款利率高于长期借款利率，而房地产业开发周期长，资金回笼不会很快，短期借款因为期限较短，另附有高额的利息支出，会增加一定的融资风险。因此房地产中小企业应当认清自身需求，从贷款额度和期限方面合理贷款，降低贷款风险。

信贷融资也是间接融资的一种，我国房地产中小企业的资金主要来自施工单位的工程垫款和购房者的房屋预售款。有研究表明，银行贷款和商业信用贷款均不能约束企业过度投资，这就意味着房地产中小企业如果为了更快且更多地获得收益，就会盲目扩大投资规模，陷入过度投资的风险中，所以必须对信贷加强约束，控制信用贷款过度的量。

3. 吸纳引进稳定的投资人

前文提到房地产中小企业缺乏稳定的资金来源，一直靠每个时期的外债运营。企业如果积极引进财务投资人，不仅可以解决资金短缺的问题，还可以吸纳进来关于资金的管理办法和经验。

财务投资人作为公司较为稳定的资金来源，与企业共同承担相关项目的经营风险。同时，财务投资人派驻代表对项目开发建设以及销售回款进行全过程监控，可以有效防止房地产企业出现资金挪用、捂盘不售等情况，提高房地产企业项目的管理能力。[136]

4. 动态阶段性调整债务融资来源结构

每个企业都有自己的成长阶段和生命周期，房地产中小企业也一样。当房地产中小企业处于每一个不同的发展阶段时都会面对不一样的经济环境、自身成长能力和财务状况以及竞争对手。企业的融资成本、所能获得的融资渠道也都不相同。比如说当企业处于快速发展阶段时，企业的资金周转速度很快、市场前景好，比例较大的债务风险也容易被化解。总而言之，房地产中小企业要根据自身财务报表数据资料，在保证良好的财务数据的前提下，调整企业债务

融资来源，合理搭配融资来源结构，使得财务杠杆的正面效应得到更好的发挥。

5. 完善企业破产法建立健全债权人保障机制

2007年6月颁布的《中华人民共和国企业破产法》加大了对破产债权人权益的保障力度，给银行重组破产企业债权提供了法律上的保障。不断完善的债权人保障机制能使得债务人的债务来源结构趋于合理，这对于我国房地产企业调整并达到更加合理的债务来源结构起到了推动作用。

据《深圳特区报》，2021年8月26日下午，深圳市六届人大常委会第四十四次会议表决通过《深圳经济特区个人破产条例》，这是我国首部个人破产法规，于2022年3月1日起实施。根据条例，在深居住且参加深圳社保连续满三年的人，因生产经营、生活消费导致丧失清偿债务能力或者资不抵债的，可以依法进行破产清算、重整或者和解。经过三年受到严格行为限制的考察期，就可以免除剩余债务。该项制度只针对“诚实而不幸”的债务人，滥用个人破产制度的，不仅不能免除债务，还要被追究刑责。该法规的实施将会起到很好的示范作用，随着立法的普及，会进一步健全债权人保障机制。

6. 拓宽融资来源渠道实现融资渠道多元化

我国房地产中小企业应该致力拓宽其融资渠道，房地产企业融资方式有限，融资的资金主要来源是预售资金、工程款垫付、内部积累和银行贷款等，而债券、基金、信托等融资方式的发展相对非常缓慢，难以形成多元化融资体系，资金支持体系和风险分担体系也不够健全。再加上房地产中小企业投资时间长、风险高的特征，会影响企业融资效率，因此，要想提高房地产企业的融资效率，需要拓宽融资渠道，实现融资渠道的多元化，用灵活的方式给予房地产中小企业更多融资选择空间。改变传统的以贷款为主的融资方式，健全商业票据和企业债券等债权融资市场可以使资金流转加快，使得企业在资金紧张时，能及时通过票据的贴现获得资金。除此之外，房地产中小企业还可以尝试项目融资，利用其多元融资和风险分担的优势使得某些有财务能力的企业参与到投资中来，使得企业能够以低成本和低风险来获得相对的高收益，从而提高自身融资效率。只有采取如此多样化的融资来源渠道才可以实现融资功能互补，资金的来源配置才能得到合理优化。

7. 合理、动态地评估债务融资来源风险

房地产中小企业应该根据自身融资来源的特点合理地、动态地评估自身的融资风险状况，有针对性地采取措施来提高自身融资效率。对于融资风险相对较小的房地产中小企业，融资来源上应该尽可能地选择银行贷款和企业债券等融资方式，同时应该尽量地增大自身的规模使得资产结构中有形资产的比例得到提高，使自身的运营能力也有所改善，这些都将为中小企业融资效率的提高创造出有利的条件；而相反地，对于那些融资风险相对较大的房地产中小企业，其自身应该减少债务融资和不必要的投资；对一些评估结果显示比较乐观的投资项目，应该尽量选择股权融资，比如说私募股权、风险投资、增发等方式。此外，提高房地产中小企业的偿债能力、盈利能力以及资产变现的能力，也能使得房地产中小企业降低对债务融资的依赖，增强其成长能力，降低风险，并有效提高融资效率。

8. 构建融资来源物联网监管体系

在2020年新冠肺炎疫情的爆发后，各行各业都受到了巨大冲击，房地产行业也并不例外，2020年第一季度全国销售额惨遭“滑铁卢”，但随着疫情慢慢得到控制，房地产行业也慢慢回暖，同时危机即机会，由于疫情的原因也给房地产行业带来了新的思考，未来的房地产项目势必要运用更多物联网技术。同时我国房地产行业经过几十年的发展，最近几年市场波动不断，形势难以预测，而且市场竞争愈加激烈，企业资金问题不断“爆雷”，因此建立信息互联互通的物联网平台势在必行。必须解决房地产中小企业、政府监管部门、融资机构、建设企业、中介平台、终端消费者都处在不同的消息不对称的“黑匣子”之中这一问题，实现统一的物联网监管平台，有效规避企业债务融资信息不对称的问题，实现资金来源结构合理化发展。[137]

9. 强化市场分析能力，实现高能效营销业绩

任何企业行为都离不开市场，市场是根基，房地产企业更是如此，理性研究和分析变化多端、波动频繁的房地产市场是房地产中小企业立于不败之地的首要问题。消费者理念转变、市场份额分化、产品推新换旧、企业转型突破、房价捉摸不定、技术推陈出新等等都需要房地产中小企业致力于调查研究错综复杂的房地产市场，积极运用新营销战略思维，从市场适配度、产品接受度、投资可行性、融资高效性、资金来源优化性等角度展开全方位的考察，创新开发理念和开发模式，实现高能效去化，快速回笼预售资金，实现新时代房地产中小企业顺应时势的转型与升级。

7.4　本章小结

本章首先分析了发达国家债务融资来源结构的现状，指出了美国金融证券融资型、德国互助储蓄融资型、新加坡公积金融资型及日本官民共建混合融资型融资模式的优越性；分析了我国现有房地产企业融资模式和制约我国房地产企业融资的主要约束条件以及对我国的启示，即应加快融资多元化进程、加快融资多元化的政策支持、创新房地产债务融资新模式、促进房地产抵押贷款证券化、加强政府金融监管。

然后就我国房地产中小企业债务融资来源结构的现状及问题展开分析：先就房地产中小企业债务融资来源结构分析银行贷款融资、债券融资、商业信用融资、股权融资、其他融资方式等问题；接着就我国房地产中小企业债务融资来源结构现状进行分析；指出理论上我国房地产中小企业可选择的融资渠道是多样的，但实际上我国房地产中小企业可选择的融资渠道是有瓶颈的，政策调控是考量我国房地产中小企业融资规范化的“紧箍咒”，实证研究显示我国房地产中小企业融资来源结构分布不尽合理。

而对我国房地产中小企业债务融资来源结构问题的分析则指出以下几点：融资渠道单一；对商品房预售、银行融资渠道过度依赖；融资结构不合理；融资水平差异大；金融体系不健全；缺乏相对稳定的资金来源。

最后详细分析了房地产中小企业债务融资来源结构的优化对策：先指出基于融资效率提高的来源结构优化的作用和意义：有利于提高企业的财务杠杆；有利于降低企业的融资风险；有利于提高企业的经营业绩。接着提出了房地产中小企业债务融资来源结构优化对策的具体措施：建立健全我国资本市场；降低准入门槛；理清企业与银行间融资渠道；加强对中小企业信贷约束力；吸纳引进稳定的投资人；动态阶段性调整债务融资来源结构；完善企业破产法，建立健全债权人保障机制；拓宽融资来源渠道，实现融资渠道多元化；合理动态地评估债务融资来源风险；搭建各方共同参与的物联网融资监管体系；研究市场实现高能效营销业绩；破冰融资问题，实现融资来源结构优化。

本章从微观层面指出我国房地产中小企业应该对自身能力、财务状况和所处的环境进行分析，调整好自身的债务融资来降低资产负债率，降低企业的财务风险。由于我国房地产中小企业融资方式的局限，使得房地产中小企业整个的融资体系不够健全。房地产中小企业应该通过合理、动态地评估债务融资风险，拓宽融资来源渠道，来实现融资渠道的多样化，进而更有效地提高房地产企业的融资效率。从宏观层面指出想要改变我国房地产中小债务融资现状，只靠微观方面中小企业的自身努力是不够的，还应该加强资本市场的相关建设，加快我国债券、基金、信托等融资方式的发展速度，进一步地促进多元化融资体系的形成，此外，完善相关的法律法规和制度，改变政府职能以规范政府的指导行为也会对我国房地产中小企业的融资产生正面积极的影响，同时应加强银行的信贷约束力，并进一步完善企业破产机制，更大效用地发挥作为相对独立的第三方的债权人的约束作用。

结　论

房地产行业作为国民经济的支柱产业，其快速增长对国民经济具有重要的支撑或推动作用。但是目前我国房地产市场发展得还不够成熟和完善，主要表现在大多数房地产企业特别是中小企业持续开发和规模化运作能力较弱，融资渠道狭隘，融资困难重重，加大了房地产企业融资效率成本和流动性风险。在房地产行业被严格调控的大环境下，房地产企业开发与经营活动受到重大影响。通过对房地产中小企业债务融资来源结构优化的实证研究，一方面可以为资金管理提供依据，促使中小企业合理地调整资金结构，及时拓宽债务融资渠道，优化开发资金筹资方式，提高债务融资效率和企业价值；另一方面也可以为政府制定相应的调控政策和行业监管提供一定的参考。

本书以房地产中小企业为调查研究对象，以湖南省房地产中小企业代表性企业为实证对象，通过实地调查、理论分析、实证研究将定性分析和定量分析充分结合，较为系统地就房地产中小企业债务融资文献综述、房地产中小企业债务融资理论基础、房地产中小企业债务融资效率评价、房地产市场和企业情况分析、房地产中小企业债务融资来源结构优化实证及房地产中小企业债务融资来源结构优化的具体对策措施等六个方面展开研究，得出有关结论如下。

（1）在房地产中小企业文献综述方面：对国内外相关文献展开全面分析，发现国内外综合的文献不多，文献综述显示：房地产中小企业债务融资来源主要包括商品房预售、银行借款、商业信用和债券发行等方面，其融资来源选择主要受融资风险、融资成本、企业信用水平等因素影响，且债务融资来源结构受融资效率、企业价值和公司治理的影响较显著。但目前国内外对房地产企业债务融资来源结构的研究甚少，对房地产中小企业债务融资来源结构的分析几乎没有，并且基本上还停留在定性分析层面，鲜有学者对其融资来源结构的优化及应用问题展开定量和实证分析，这为本课题研究提供了新的空间。

（2）在房地产中小企业债务融资基础理论研究方面：阐述了债务融资和债务融资来源结构的定义；分析了 MM 理论、权衡理论、代理成本理论、信息不对称理论、期限匹配理论、税收理论、债务治理理论、债务契约理论、企业声誉理论、金融成长周期理论、优序融资理论、激励理论等融资理论；探讨了融资效率、评价指标体系、方法、影响因素等问题；分析了房地产中小企业债务融资来源结构的内涵及影响，就房地产行业概况、房地产行业债务融资背景、房地产中小企业债务融资现状等房地产行业融资的基本概况及影响因素做了充分理论探讨，提供了扎实的基础理论支撑。

（3）在房地产中小企业债务融资效率评价方面：利用可拓物元理论，在债务融资资金到位率、融资成本、融资风险的维度构建房地产中小企业融资效率评价指标体系，利用物元评价法对房地产中小企业债务融资效率进行综合测度与分析。湖南省 8 家代表性房地产中小企业实证结果显示房地产中小企业债务融资效率水平一直较低，得出 8 家房地产中小企业的融资效率是 2 家物元经典域落在一般区间，6 家经典域落在低劣区间，整体结果说明债务融资效率很不理想。然后采用熵值法对中小房地产企业和上市房地产企业进行对应佐证评价分析，同样显示房地产企业整体债务融资效率也处于较低水平。

（4）在房地产市场和湖南省房地产中小企业情况方面：了解市场是房地产开发的首要事件，懂市场才能合理举债，才能分清怎样的债务来源结构能降低风险和成本。因此本章全面展开房地产市场调查，对全国房地产、湖南房地产市场情况展开全面动态分析，对湖南省房地产中小企业情况进行评判，考察了湖南省房地产政治政策因素影响、经济因素影响，考察了湖南省房地产中小企业情况，也进一步考察了湖南省房地产中小企业的债务融资情况，为后续优化房地产中小企业来源结构及数据分析和实证研究做了充分铺垫。

（5）在房地产中小企业债务融资来源结构优化方面：从风险控制视角出发，

对湖南省代表性房地产中小企业债务融资来源资金成本、融资风险和资金到位率进行剖析，通过模糊层次法判断融资来源的相对重要性，结果表明其相对重要程度依次为房地产预售、银行借款、施工方垫资、民间借贷；采用多元目标规划模型计算债务融资来源最优解，得出房地产中小企业过度依赖房地产预售款，银行借贷融资使用较少，债务融资来源不丰富。并以万科地产个案为例计算其债务融资来源最优解并进行比较分析。通过比较益阳 A 地产债务融资的最优与实际结构，发现其房地产预售融资比例偏高，而银行融资比例偏低，施工方垫资比例稍偏低，民间融资稍偏高。所以益阳 A 地产应适当降低房地产预售融资比例，提高银行融资比例，从而优化融资来源结构。与房地产上市个案企业融资来源结构比较分析得知，万科属于行业标杆，其来源结构与房地产中小企业相比明显优化多了，因此房地产中小企业若想发展壮大，需在债务融资来源结构上充分研究，争取选择合理的最优来源结构。

（6）在房地产中小企业债务融资来源结构分析及优化对策研究方面：分析了发达国家债务融资实践的现状和经验，指出了优点和值得借鉴的地方，然后内视我国中小企业债务融资来源结构现状及问题，最后详细分析了我国房地产中小企业债务融资来源结构优化对策，详细探讨了我国房地产中小企业债务融资来源结构的优化对策与具体措施。

债务融资是国内外企业金融理论领域的一个重要课题，随着经济全球化发展和我国市场经济的不断完善，房地产企业特别是中小企业面临的市场竞争将更加激烈，生存空间更加紧张，如前所述，目前的研究主要集中在定性比较和描述上。本课题试图基于房地产债务融资效率，对融资来源结构展开定量实证研究，以寻求解决融资来源结构优化问题，为房地产中小企业债务融资研究和实践提供相关参考依据，提升其房地产市场竞争力，改善其资本配置方式，甚至提高社会资源的配置效率。

参考文献

[1] CHUA J H, CHRISMAN J J, KELLERNANNS F, et al. Family involvement and new venture debt financing[J]. Journal of Business Venturing, 2011, 26(4): 472-488.

[2] 李兰云，张璇 . 房地产上市公司债务融资与公司绩效关系研究 [J]. 财会通讯，2012，(5): 19-20.

[3] 刘海虹 . 国有企业融资效率与银行危机相关问题研究 [J]. 财经问题研究，2000，(3): 41-45.

[4] 叶望春 . 金融工程与金融效率相关问题研究综述 [J]. 经济评论，2009，(4): 76-84.

[5] 王旭，姜朋飞 . 基于确定权重的 DEA 对房地产融资效率评价研究 [J]. 经济师，2014，29(6): 75-77.

[6] HOVAKIMIAN A, OPLER T, TITMAN S. The capital structure choice: New evidence for a dynamic tradeoff model[J]. Journal of Applied Corporate Finance, 2002, 15(1): 24-30.

[7] 齐绍洲 . 公司治理、融资效率与经济增长 [J]. 证券市场导报，2007，(2): 44-47.

[8] CARDONE C, CASASOLA M J, SAMARTÍN M. Do banking relationships improve credit conditions for Spanish SMEs?[J]. Universidad Carlos Ⅲ de Madrid, Working Paper, 2005: 5-28.

[9] MATIAS M N, SERRASQUEIRO Z, COSTA C A. Banking relationship and credit terms: empirical evidence from Portuguese small firms[J]. American Journal of

Social and Management Sciences，2010，1(2): 102-103.

[10] ALMEIDA H, WOLFENZEON D. The effect of external finance on the equilibrium allocation of capital[J]. Journal of Financial Economics, 2005, 75(1): 133-164.

[11] FERNÁNDEZ M A, RÍOS M. Financial dependence and economic growth in Spain[J].Chinese Business Review, 2012, 11(10): 900-910.

[12] HAN K, LI F, LI H Y, et al. Fuzzy comprehensive evaluation for stability of strata over gob influenced by construction loads[J]. Energy Procedia, 2012, 16(2): 1102-1110.

[13] GONG L, JIN C. Fuzzy comprehensive evaluation for carrying capacity of regional water resources[J]. Water resources management, 2009, 23(12): 2505-2513.

[14] SAATY T L. Decision making with the analytic hierarchy process[J]. International journal of services sciences, 2008, 1(1): 83-98.

[15] YU P, LEE J H. A hybrid approach using two-level SOM and combined AHP rating and AHP/DEA-AR method for selecting optimal promising emerging technology[J].Expert Systems with Applications, 2013, 40(1): 300-314.

[16] DENG X Y, HU Y, DENG Y. Supplier selection using AHP methodology extended by D numbers[J]. Expert Systems with Applications, 2014, 41(1): 156-167.

[17] WANG E C, HUANG W. Relative efficiency of R&D activities: A cross-country study accounting for environmental factors in the DEA approach[J]. Research Policy, 2007, 36(2): 260-273.

[18] YANG W, SHAO Y, QIAO H, et al. An empirical analysis on regional technical efficiency of Chinese steel sector based on network DEA method[J]. Procedia Computer Science, 2014, 31(2): 615-624.

[19] MOZAFFARI M R, KAMYAB P, JABLONSKY J, et al. Cost and revenue efficiency in DEA-R models[J]. Computer & Industrial Engineering, 2014, 78(1): 188-194.

[20] SHANNON C E, WEAVER W. The mathematical theory of communication[J]. The Bell System Technical Journal, 1948, 27(3): 379-423.

[21] ORTIZ-CRUZ A, RODRIGUEZ E, IBARRA-VALDEZ C, et al. Efficiency of crude oil markets: Evidences from informational entropy analysis[J].Energy Policy, 2012, 41(2): 365-373.

[22] KRISTOUFEK L, VOSVRDA M. Measuring capital market efficiency: Long-term memory, fractal dimension and approximate entropy[J]. International Conference on Mathematical Methods in Economics, 2013, 87(7): 470-475.

[23] 李露凡，舒欢 . 基于模糊综合评价模型的工程项目融资模式评价与决策 [J]. 工程管理学报，2014，28(3): 104-108.

[24] 张铁山，李萍 . 信息产业民营上市公司融资效率分析 [J]. 会计之友，2009，(10): 90-92.

[25] 郭平，罗秋萍，孟慧婷 . 创业板上市公司融资效率实证研究：基于主成分分析法与熵值法 [J]. 财会通讯，2012，(6): 13-15.

[26] 张博，杨熙安 . 基于熵值法的上市公司融资效率研究 [J]. 财经理论研究，2014，(1): 105-112.

[27] 蔡文 . 物元模型及其应用 [M]. 北京：科学技术文献出版社，1994，112-119.

[28] MYERS S C. Determinants of corporate borrowing[J]. Journal of financial economics, 1977, 5(2): 147-175.

[29] FLANNERY M J. Asymmetric information and risky debt maturity choice[J]. The Journal of Finance, 1986, 41(1): 19-37.

[30] GOYAL V. K, WANG W. Debt maturity and asymmetric information: evidence from default risk changes[J]. Journal of Finance and Quantitative Analysis, 2013, 48(3): 789-817.

[31] JENSEN M C. Agency costs of free cash flow, corporate finance, and takeovers [J]. American Economic Review, 1986, 76(2): 323-329.

[32] DIAMOND D W. Debt maturity structure and liquidity risk[J]. Quarterly Journal of Economics, 1991, 106(3): 709-737.

[33] AYDIN O. An empirical analysis of corporate debt maturity structure[J]. European Financial Management, 2000, 6(2): 197-212.

[34] HALL G, HUTCHINSON P, MICHAELAS N. Industry effects on the determinants of unquoted SMEs' capital structure[J]. International Journal of the Economics of Business, 2000, 7(3): 297-312.

[35] PAUL D C, DAVID C M, STEVEN H O. Interactions of corporate financing and in vestment decision: The effects of agency conficts[J]. Journal of Financial Economics, 2005, 76(3): 667-690.

[36] BRICK I E, RAVID S A. On the relevance of debt maturity structure[J]. Journal of Fi nance, 1985, 40(5): 1423-1437.

[37] HART O, MOORE J. Debt and seniority: An analysis of the role of hard claims in constraining management[J]. American Economic Review, 1995, 85(3): 567-585.

[38] VALERIY S. Asset liquidity and capital structure[J]. Journal of Financial and Quantitative Analysis, 2009, 44(5): 1173-1196.

[39] DESSÍ R, ROBERTSON D. Debt, Incentives and Performance: Evidence from UK Panel Data[J]. Economic Journal, 2003, 113(10): 903-919.

[40] ROBERTA D. Implicit contracts, managerial incentives, and financial structure [J]. Journal of Economics and Management Strategy, 2001, (9): 359-390.

[41] MAGRI S. Debt maturity choice of nonpublic Italian firms[J]. Journal of Money, Credit and Banking, 2010, 42(2-3): 443-463.

[42] DIAMOND D. W, HE Z. A theory of debt maturity: The long and short of debt overhang[J]. The Journal of Finance, 2014, 69(2): 719-762.

[43] DATTA S, ISKANDAR D. M, RAMAN K. Managerial stock ownership and the maturity structure of corporate debt[J]. Journal of Finance, 2005, 60(5): 2333-

2350.

[44] GUNEY Y, OZKAN A. New insights on the importance of agency costs for corporate debt maturity decisions[J]. Applied Financial Economics Letters, 2005, 1(4): 233-238.

[45] ASLANT O, KARAN M. B. Ownership and control structure as determinants of corporate debt maturity: A panel study of an emerging market[J]. Corporate Governance, 2006, 14(4): 312-324.

[46] LEE Y C, CHANG W H. How controlling shareholders impact debt maturity structure in Taiwan[J]. Journal of International Financial Management and Accounting, 2013, 24(2): 99-139.

[47] CORREIA M. R. The choice of maturity and additional covenants in debt contracts: A panel data approach[J].Research in International Business and Finance, 2008, 22(3): 284-300.

[48] HARFORD J, LI K, ZHAO X. Corporate boards and the leverage and debt maturity choice[J].International Journal of Corporate Governance, 2008, 1(1): 3-27.

[49] BROCKMAN P, MARTIN X, UNLU E. Executive compensation and the maturity structure of corporate debt[J].The Journal of Finance, 2010, 65(3): 1123-1163.

[50] FAN J P H, TITMAN S, TWITE G. An international comparison of capital structure and debt maturity choice[J].Journal of Financial and Quantitative Analysis, 2012, 47(1): 23-34.

[51] KIRCH G, TERRA P R S. Determinants of corporate debt maturity in South America: Do institutional quality and financial development matter?[J].Journal of Corporate Finance, 2012, 18(4): 980-993.

[52] 李世辉，雷新途．两类代理成本、债务治理及其可观测绩效的研究：来自我国中小上市公司的经验证据 [J]. 会计研究，2008，21(5): 30-37.

[53] 曾琰．基于制度环境的上市公司债务期限结构研究 [J]. 财会通讯 .2013，8(24)：77-79.

[54] 谢海洋，董黎明．债务融资结构对企业投资行为的影响 [J]. 中南财经政法大学学报 .2011，184（1）：92-96.

[55] 王汀汀，施秋圆．我国上市公司债务期限结构及其影响因素研究 [J]. 成都理工大学学报 (社会科学版), 2013, 21(6): 61-68.

[56] 杨棉之，张中瑞．上市公司债权治理对公司绩效影响的实证研究 [J]. 经济问题 , 2 011 , (3): 57-60.

[57] 杨兴全，梅波．公司治理机制对债务期限结构的影响：来自我国上市公司的经验数据 [J]. 财贸研究 , 2008, 19(1): 134-140.

[58] 肖作平，廖理．大股东、债权人保护和公司债务期限结构选择：基于我国上市公司的经验证据 [J]. 管理世界 , 2007, (10): 99-113.

[59] 姚明安，徐志平．管理层持股的治理效应：基于债务期限结构的视角 [J]. 财经理论与实践 , 2008, 29(5): 49-54.

[60] 王泽填，程建伟，孙爱琳．股权结构与公司债务期限结构的关系研究 [J]. 山西财经大学学报 , 2008, 30(9): 47-53.

[61] 赵晓东、刘降斌．我国上市公司债务融资结构存在的问题及对策研究 [J]. 商业经济，2013，(23):61-62.

[62] 李昕潼，池国华．EVA 考核对企业融资结构的影响研究 [J]. 科学决策，2018，(1):75-94.

[63] 黄秀女．信息透明度、杠杆质量与研发绩效：来自深交所2001—2016年上市公司面板数据的证据 [J]. 上海金融，2021，(7): 53-61，79.

[64] KULKARNI P, CHIRPUTKAR A V. Impact of SME listing on capital structure decisions[J].Procedia Economics and Finance, 2014, 11: 431-444.

[65] MARGARITIS D, PSILLAK M. Capital structure, equity ownership and firm performance[J].Journal of Banking & Finance, 2010, 34(3): 621-632.

[66] EROL M. Triangle relationship among firm size, capital structure choice and financial performance[J].Journal of Management Research, 2011, 11(2): 87-98.

[67] MASULIS R W. The impact of capital structure changes on firm value[J].Journal of Finance, 1983, 38(1): 107-126.

[68] SHAH K. The nature of information conveyed by pure capital structure chances [J].Journal of Financial Economics, 1994, 36(1): 89-126.

[69] ZHAN Y H, ZENG X. Research on the robustness of debt financing strategy: a Financial System Engineering Perspective[J]..Systems Engineering Procedia, 2012, 3: 172-178.

[70] PARK K, JANG S C. Capital structure, free cash flow, diversification and firm performance: A holistic analysis[J].International Journal of Hospitality Management, 2013, 33: 51-63.

[71] 曾海舰，苏冬蔚 . 信贷政策与公司资本结构 [J]. 世界经济，2010，(8)：17-42.

[72] 申香华 . 从政府补助、产权性质与债务融资效应实证检验 [J]. 经济经纬，2015(2)：138-143.

[73] 刘希麟 . 国有企业投融资若干问题探讨 [J]. 商场现代化，2010，(17)：66-67.

[74] 孔庆辉 . 宏观经济波动、周期型行业和资本结构选择 [J]. 北京理工大学学报，2010，12(6)：31-35.

[75] 李仁仁 . 债务融资比例、短期债务公司治理效率的实证研究：基于代理成本理论视角的分析 [J]. 时代金融，2010，(11)：64-66.

[76] 许小乔 . 债券融资对公司绩效的影响来自上市公司的实证研究 [J]. 财会通讯，2010，(8)：113-116.

[77] 陈德萍，曾智海 . 资本结构与企业绩效的互动关系研究：基于创业板上市公司的实证检验 [J]. 会计研究，2012，(8)：66-72.

[78] 李文新，李慧 . 湖北省上市公司资本结构与经营绩效关系的实证 [J]. 统计与决策，2012，(10)：169-171.

[79] 于斌，孙玉真．上市公司资本结构与企业价值的关系：基于行业间横向比较 [J]. 财会月刊，2013，(9)：32-35.

[80] 殷红，肖龙阶．股权结构、负债与公司价值：基于战略性新兴产业上市公司的数据分析 [J]. 我国管理科学，2012，20(S2)：840-847.

[81] 刘晨曦，耿成轩．江苏省民营上市公司债务融资与企业绩效的实证分析经济 [J]. 经济研究导刊，2011，(30)：206-208.

[82] 刘宁．债务融资比例、债务期限结构与企业价值关系的实证研究 [J]. 石家庄铁道大学学报，2012，6(2)：33-40.

[83] 薄澜，姚海鑫，王书林，等．债务融资与盈余管理的关系及其控制人性质差异分析：基于非平衡面板数据的经验研究 [J]. 财政研究，2013，(4)：74-77.

[84] 杜勇，鄢波．债务融资行为对亏损上市公司财务价值的驱动研究 [J]. 证券市场导报，2011，(7)：43-50.

[85] 石慧莹．财务管理目标下最佳资本结构的选择 [J]. 财经界．2014，(3)：178.

[86] 谢芹．我国上市公司资本结构与企业经营绩效关系实证研究 [D]. 山东：石油大学 (华东) 经济管理学院，2010，39.

[87] 韩明．房地产债务融资与公司价值关系的探讨 [D]. 浙江：浙江大学，2017.

[88] 安磊，沈悦，徐妍．房价上涨如何影响实体企业债务融资 [J]. 当代经济科学，2018，40(5).

[89] 吴国通，李延喜．管理层过度乐观与企业债务融资决策 [J]. 工业技术经济，2019.11.

[90] SUPA T K. Key factors influencing capital structure decision and its speed of adjustment of Thai listed real estate companies[J].Procedia -Social and Behavioral Sciences, 2012, 40: 716-720.

[91] 邱鹏冰．我国房地产上市企业债务融资结构对公司绩效影响的实证分析 [D]. 广州：暨南大学，2014：35-42.

[92] 许拓．房地产开发企业资本结构对公司绩效的影响及其优化研究 [D]. 浙江：

浙江大学，2013，90-91.

[93] 张顺慈．当前房地产业融资渠道分析 [J]. 广东建材，2007(2)：142-143.

[94] 胡军．中国引入 REITs 之可行性分析 [J]. 商场现代化，2007(3)：188-189.

[95] 汪志超．房地产上市公司债务融资结构实证研究 [J]. 经济论坛，2011(12)：106-107.

[96] PIANESELLI1 D, ZAGHINI A. The cost of firms' debt financing and the global financial crisis[J].Finance Research Letters, 2014, 11(2): 74-83.

[97] SHIBATA T, NISHIHARA M. Investment timing, debt structure, and financing constraints[J].European Journal of Operational Research, 2015, 241(2): 513-526.

[98] LUO B. Corporate income tax rate, ownership and optimization of debt structure [J].In: Artificial Intelligence, Management Science and Electronic Commerce (AIMSEC), 2011 2nd International Conference on. IEEE, 2011, 277-280.

[99] LEARY M T, ROBERTS M R. The pecking order, debt capacity, and information asymmetry[J].Journal of Financial Economics, 2010, 95(3): 332-355.

[100] SHIRASU Y, XU P. The choice of financing with public debt versus private debt: new evidence from Japan after critical binding regulations were removed [J]. Japan and the World Economy, 2007, 19(4): 393-424.

[101] DAVYDOV D, VÄHÄMAA S. Debt source choices and stock market performance of Russian firms during the financial crisis[J].Emerging Markets Review, 2013, 20(3): 148-159.

[102] LIAO W Y. Dedicated investors and debt financing[D].Columbus: The Ohio State University, 2008.

[103] LIN C, MA Y, MALATESTA P, et al. Corporate ownership structure and the choice between bank debt and public debt[J].Journal of Financial Economics, 2013, 109(2): 517-534.

[104] SUN F; TOO S W. Debt financing and its determinants: Empirical evidence of SMEsD0T)in China. Business Journal for Entrepreneurs, 2014, 14(4): 13-28.

[105] DAVYDOV D, NIKKINEN J, VÄHÄMAA S. Does the decision to issue public debt affect firm valuation? Russian evidence[J].Emerging Markets Review, 2014, 20: 136-151.

[106] 黄文青 . 债权融资结构与公司治理效率：来自我国上市公司的经验证据 [J]. 财经理论与实践，2011，32(2)：46-50.

[107] 段伟宇，师萍，陶建宏 . 创新型企业债务结构与成长性的关系研究：基于沪深上市企业的实证检验 [J]. 预测，2012，31(5)：34-46.

[108] 黄莲琴，屈耀辉 . 经营负债杠杆与金融负债杠杆效应的差异性检验 [J]. 会计研究，2010，(9)：59-65.

[109] 李建军 . 中小制造企业盈利能力与债务来源结构关系研究 [J]. 财会通讯，2014，(17)：16-17.

[110] 陆嘉玮，陈文强，贾生华 . 债务来源、产权性质与房地产企业过度投资 [J]. 经济与管理研究，2016，37(9).

[111] ANDY C W, CHUL K C, JOHN W. The source of real estate[J].Journal of Finance, 2004, 21(5)：23-35.

[112] 黄珺，黄妮 . 过度投资、债务结构与治理效应：来自我国房地产上市公司的经验证据 [J]. 会计研究，2012，(9)：67-72.

[113] 张戈，郭琨，王珏，等 . 房地产信贷在房地产开发投资中的乘数效应 [J]. 系统工程理论与实践，2012，32(3)：640-646.

[114] 薛晴 . 西安市房地产资金来源结构与房地产价格波动的关系 [J]. 西北大学学报（哲学社会科学版），2011，41(3)：36-40.

[115] 王会兰，王敏 . 基于合作共赢的房地产融资模式分析 [J]. 会计之友，2013，(10)：1-3.

[116] 吴静 . 发展房地产产业投资基金 拓宽房地产融资渠道 [J]. 企业研究，2007 (08)：52-53.

[117] 刘娇 . 我国房地产上市公司债务融资结构与绩效关系研究 [D]. 泉州 ：集美大学，2015.

[118] JENSON M C, MECKLING W H.Theory of firm:managerial behavior agency cost and ownership structure[J].Journal of financial economics,1976(3):305-360.

[119] ROSS S A. Compensation, incentives, and the duality of risk aversion and riskiness[J]. The Journal of Finance, 2004, 59(1): 207-225.

[120] LELAND H E, PYLE D H. Informational Asymmetries, Financial Structure, and Financial Intermediation[J].Journal of finance, 1977, 32(2): 371-384.

[121] MORRIS. On corporate debt maturity strategies[J].Journal of finance, 1976, 31:29-37.

[122] MITCHELL. The call, Sinking fund, and Term-To-Maturity Features of Corporate bonds:A empiricalinvestigation[J].Journal of financial and quantitative analysis, 1991, 26:201-222.

[123] WATTS R, ZIMMERMAN J. Positive Accounting Theory[J]. Journal of Accounting and Economics, 1986, 17(1-2): 14-176.

[124] MYERS S C, MAJLUF N S. Corporate financing and investment decisions when firms have information that investors do not have[J].Journal of financial economics, 1984, 13: 187-221.

[125] 王成军，郭明 . 创新型科技人才科技成果转化能力可拓评价 [J]. 科技进步与对策，2016，02 ：106-111.

[126] 李栋林，梁益琳 . 新型城镇化建设财政支出绩效评价模型构建与应用 [J]. 经济问题，2014，07 ：11-16.

[127] 冯保成 . 模糊数学实用集粹 [M]. 北京 ：中国建筑工业出版社 .1991 ：13-18.

[128] 冯连胜 . 综合评定产品质量的一种方法 [J]. 机械强度，1991，04 ：7-8.

[129] 郑慧开 ：新常态视阈新型城镇化建设评价物元分析法 [J]. 城市学刊，2015，(3) ：23-26.

[130] ZHENG H K. Real estate SMEs debt financing efficiency matter -element evaluation method[J]. 10th International Conference on Measuring Technology and Mechatronics Automation(ICMTMA2018),NJ:IEEE Computer Society Publications, Inc., 369-374.

[131] 郑慧开 . 基于融资效率评价的房地产企业债务融资结构优化研究 [M]. 吉林：吉林大学出版社，2020.7：42-112.

[132] ZHENG H K. Research on Optimization of Debt Financing Source Structure of Real Estate SMEs Based on Multi-objective Programming Model：Taking representative enterprises in Hunan Province as an example[J].(ICSCSE2018.12) NJ:IEEE Computer Society Publications, Inc., 898-902.

[133] 殷涛 . 房地产企业融资方式比较 [J]. 财会通讯，2015，(35)：17-19.

[134] 魏开文 . 中小企业融资效率模糊分析 [J]. 金融研究，2001，(6)：67-73.

[135] 殷涛 ."仿金融模式"的创新与风险：基于柏岸居案例的分析 [J]. 信阳师范学院学报（哲学社会科学版)，2014，34（1)：72-75.

[136] 郝璇杰 . 房地产企业债务结构优化研究 [D]. 哈尔滨：哈尔滨工业大学 .2019.

[137] ZHENG H K. Real-Time Monitoring System for Passive Energy-saving Houses in the Internet of Things environment[J]. International Journal of Internet Protocol Technology, 2020 Vol.13 No.3, pp.137-143.

后　记

房地产行业已经不再是暴利时代，由于国家经济发展和规范管理，以及实业兴邦、科技强国理念的普及，房地产行业会会受到更多的挑战。虽然其依然是国家支柱产业，但是随着人们素质普遍提高，审美以及消费理念发生变化，未来房地产行业项目如何继续迎难而上，如何合理融资、融资结构优化，如何提升服务理念、危机意识是该行业持续良性发展的重要研究课题，基于此本人申请本课题并被立项为湖南省哲学社会科学基金项目；项目名称为：房地产中小企业债务融资来源结构优化与应用研究——以湖南省有关代表性企业为例（湘社科办 [2017]15 号），项目编号为：17YBA059；本书是本项目研究成果。在研究过程中刚好遭遇疫情危机，给研究带来了一定的困难，但经过社会各界的大力支持和团队成员等方面的共同努力终于克服困难，取得一定的研究成果，在课题即将完成之际，本人向所有帮助过我的单位、同事、审编、企业主、学生、朋友等表示衷心的感谢！

首先感谢湖南省哲学社会科学规划基金办公室对本课题予以立项研究并资助，为本课题的研究搭建支撑平台。同时感谢本人单位湖南城市学院提供研究支持，为本人开展研究提供丰富的硬软件资料，并保证有足够的研究工作时间，并把本专著纳入为湖南城市学院“双一流”学科文库。还要感谢湖南省新型城镇化研究院对本著作出版提供资助。

同时感谢本课题团队成员薛姝、刘小平、薛红斌、游子琴等老师，是他们的共同参与和热心分担才使本课题得以顺利开展；同时感谢湖南城市学院学院管理学院房地产开发与管理 2019 级有关同学参与课题相关调查和资料整理工作，实现产学研协同发展提升实践教学质量；同时感谢学校有关老师、本书审编、其他各界专家百忙之中对本研究的指点和指导、对本书的审阅和赐教，是你们的热情帮助使本课题研究不断深入和深化。

同时感谢社会各界各单位的大力支持，本课题研究联系了省市县工商联、商会、房产协会、住建、房管、国土、统计等部门，并得到他们不遗余力地支持，同时本课题研究走访了多家房地产中小企业，得到他们的积极响应并提供企业内部有关数据，使本课题研究务实求真接地气，感谢大家为本课题研究搭建好各种平台，做好搭桥牵线等工作，本人也殷切期望本课题的最终成果能够给各界单位提供合理化建议，真正能带来多方共赢。

同时感谢我的家人和其他很多朋友、同学给予我无私的支持和帮助，恕不一一列举，是你们默默无闻的奉献，才使我在近几年的疫情防控期间勇敢完成本课题研究，在此一一表示感谢。

郑慧开

2021.10.23